Le Grand Bazar de l’énergie

Erwan Benezet

Préface de Christian de Perthuis

Le Grand Bazar de l'énergie

Face à la crise, quels enjeux ? quelles solutions ?

Arthaud

82, rue Saint-Lazare CS 10124
75009 Paris

ISBN : 978-2-0804-2302-3

À ceux qui partagent ma vie
et m'inspirent chaque jour.

« Les gens passaient leur temps à faire des préparatifs pour le lendemain. Moi je n'ai jamais cru à ça. Le lendemain ne faisait pas de préparatifs pour eux. Le lendemain ne savait même pas qu'ils existaient. »

Cormac McCarthy, *La Route*,
Éditions de l'Olivier, 2008

Bazar
nom masculin
(persan *bāzār*)
1. En Orient, marché public en plein air ou sous de vastes galeries couvertes ; souk.
Synonyme : souk
2. Droguerie ou magasin de détail où l'on vend toutes sortes d'articles.
3. Familier. Lieu ou ensemble d'objets en désordre : Quel bazar !
Synonyme : bric-à-brac
4. Familier. Ensemble d'objets quelconques.
Synonyme : fourbi (familier)
(Extrait du Larousse)

Préface

« Toute l'industrie, tout le commerce finira par n'être qu'un immense bazar unique, où l'on s'approvisionnera de tout », nous dit Émile Zola dans *L'Argent*. Par bien des aspects, le bazar de l'énergie dans lequel nous promène Erwan Benezet rappelle l'univers de Zola, avec ses pactoles qui s'amassent grâce aux yo-yo des prix, les faillites brutales qu'ils peuvent provoquer, l'impression que le monde s'accélère mais qu'il manque singulièrement d'un pilote pour fixer le cap.

Le talent de l'auteur consiste en premier lieu à nous faire revivre les événements qui se sont enchaînés depuis le déclenchement de la guerre en Ukraine. L'un des volets les plus frappants est la rapidité de la réaction de l'Europe, souvent décrite comme une machine bien trop lourde pour répondre aux situations de crise. Les milliards de mètres cubes de gaz russe ne nous parvenant plus via les tuyaux n'ont pas provoqué la catastrophe annoncée, grâce à la gestion mutualisée des stocks et à la mobilisation de voies maritimes alternatives. Utilisés à 100 %, les terminaux français réceptionnant le gaz liquéfié font transiter en une journée l'équivalent de l'énergie produite par 33 réacteurs du parc nucléaire national.

Sur le plan économique, l'envolée du prix européen du gaz et des autres énergies fossiles a généré des transferts massifs de richesse. Les profits de TotalEnergies ont bondi à près de 20 milliards. L'auteur nous rappelle qu'ils auraient atteint 33,7 milliards sans les dépréciations d'actifs au bilan. La hausse du prix des combustibles importés par l'Europe a correspondu à une subvention aux énergies fossiles versée aux exportateurs de l'ordre de 500 milliards. Les « boucliers tarifaires » érigés pour protéger les consommateurs européens ont porté ces subventions à des niveaux jamais atteints dans le passé.

Pour mieux comprendre le présent, quelques retours sur le passé s'avèrent bien utiles. La deuxième partie de l'ouvrage nous ramène au premier choc pétrolier. L'Hexagone y a répondu en développant un programme électronucléaire sans équivalent au monde. Ce succès passé est-il un atout pour aborder la transition vers un système énergétique bas carbone ? L'auteur en doute. Il nous rappelle une donnée de base. Même dans les scénarios les plus favorables à l'atome, le nucléaire ne peut être qu'une source d'appoint pour fournir la quantité gigantesque d'électricité décarbonée dont va avoir besoin le pays.

Cela requiert en premier lieu un investissement massif dans le renouvelable. Et là, notre pays ne brille pas par sa capacité de réaction. Il accumule des retards, pas uniquement face aux nouveaux champions asiatiques, mais vis-à-vis de nos partenaires européens. Il ne semble pas non plus avoir pris la mesure des transformations à opérer pour rendre demain les réseaux énergétiques bien plus agiles, capables par exemple d'utiliser la puissance des millions de batteries qui auront remplacé les moteurs thermiques dans nos véhicules pour équilibrer les réseaux. Sans compter l'apport de l'hydrogène vert, filière encore à ses balbutiements, pour le stockage intersaisonnier de l'électricité.

Mais attention. Lorsqu'on se projette dans le futur, il ne suffit pas d'accroître les investissements dans l'énergie en les réorientant vers le bas carbone pour contrer le réchauffement de la planète. Il faut également réduire massivement les consommations d'énergie superflues. Cela remet en cause des pans entiers de nos modes de vie. Sommes-nous prêts à nous engager dans cette voie ? À l'image de nos politiques, n'aurions-nous pas tendance à faire de la sobriété « la grande oubliée » ?

Car il y a une différence majeure entre le bazar décrit par Émile Zola et celui que vous allez visiter en compagnie d'Erwan Benezet. Zola décrivait l'agitation d'un monde où l'abondance allait permettre de « s'approvisionner en tout ». Le « Bazar de l'énergie » nous plonge dans les contradictions d'un monde qui doit au contraire réduire au plus vite le trop-plein d'énergies fossiles. Dans le passé, on a résolu beaucoup de crises énergétiques en ajoutant de nouvelles sources au système. Comme l'écrit Erwan Benezet dans sa conclusion : « Cette fois-ci, il ne s'agit pas d'additionner mais de soustraire. »

Christian de Perthuis,
professeur à l'université Paris Dauphine-PSL,
fondateur de la chaire Économie du climat

Introduction

24 février 2022, 5 h 30 du matin, Moscou est encore plongée dans une nuit glaciale. Vladimir Poutine, le visage fermé, annonce à la télévision le début d'une « opération militaire spéciale » menée par la Russie en Ukraine, signant de fait le retour de la guerre en Europe, soixante-dix-sept ans après la capitulation de l'Allemagne nazie en 1945. « Nous nous efforcerons d'arriver à une démilitarisation et une dénazification de l'Ukraine », martèle le maître du Kremlin assis à un bureau, promettant de conduire « au tribunal ceux qui ont commis de nombreux crimes, responsables de l'effusion de sang de civils, notamment de citoyens russes ».

Dans les minutes qui suivent, une série d'explosions et de sirènes retentit dans plusieurs villes ukrainiennes. Des bombardements ciblent des aéroports et des infrastructures militaires. Trois offensives – aérienne, maritime et terrestre – sont lancées conjointement sur l'ensemble du territoire : côté sud, depuis la Crimée, via notamment le poste-frontière de Kalanchak, où plusieurs colonnes de blindés et des véhicules militaires russes sont enregistrés par des caméras de surveillance ; plus à l'est, des mouvements sont également observés depuis le Donbass ; et enfin dans l'oblast de Kiev, où des troupes font leur entrée par le nord, via le poste-frontière de Senkivka, point de jonction entre la Russie, la Biélorussie et l'Ukraine.

Dans cette dernière zone, l'aéroport de Hostomel est l'une des premières cibles. Des hélicoptères russes de combat et de transport sont aperçus à 2 kilomètres de la capitale ukrainienne – sans réelle surprise, puisque le directeur de la Central Intelligence Agency (CIA), William Joseph Burns, avait confié dès le 12 janvier, soit presque un mois et demi avant l'invasion, au président ukrainien Volodymyr Zelensky, qu'une attaque russe commencerait précisément dans ce périmètre. Les pistes de Hostomel (appelé également aéroport Antonov) sont en effet dimensionnées pour accueillir des avions de transport militaires lourds. De quoi faire débarquer rapidement troupes, blindés et matériel en grand nombre. Le basculement est brutal. En quelques heures, le hashtag *World War III* (Troisième Guerre mondiale) apparaît en tête des tendances sur le réseau Twitter.

Personne n'imaginait que Vladimir Poutine mettrait ses menaces à exécution. Depuis des mois pourtant, les marchés étaient fébriles, notamment ceux du gaz et du pétrole. Préparant subrepticement le terrain, il avait demandé aux compagnies sous son contrôle, Gazprom en tête, de restreindre les exportations, en prétextant des difficultés techniques. Résultat : les prix du gaz sont multipliés par cinq en quelques mois, entraînant dans leur sillage ceux de l'électricité. Au point que, dès l'automne 2021, le gouvernement français instaure un bouclier tarifaire en gelant les prix après une dernière augmentation : + 12,6 % pour le gaz au 1er octobre 2021 ; et + 4 % pour l'électricité quatre mois plus tard, le 1er février 2022. Comme un « retour vers le futur », qui frappe l'esprit des Français, bien au-delà du symbole. Presque vingt ans après l'ouverture des marchés de l'énergie, lancée en 2004 par l'Union européenne au nom de la libre concurrence, les voici presque revenus à la bonne vieille époque du monopole d'État, un temps où les prix étaient confortablement sous cloche : ceux du gaz ou de l'électricité, mais aussi de l'eau, et même de la baguette. Souvenez-vous : jusqu'en 1978, le prix du pain était encadré, avant qu'un arrêté du gouvernement de Valéry Giscard d'Estaing ne le « libère ».

Outre l'effroi de la guerre, de l'étincelle qui embraserait tout un continent, les ambitions hégémoniques d'un autocrate suscitent une autre peur que l'on pensait disparue depuis longtemps : celle de manquer. Manquer de gaz ou d'électricité, d'éclairage la nuit et de chauffage l'hiver… De quoi faire resurgir le spectre du dernier conflit mondial, que les générations nées après 1945 n'ont connu que dans les livres d'histoire.

Et c'est exactement l'objectif de Vladimir Poutine : introduire de la confusion dans l'esprit des Européens. Un poison lent et insidieux, du polonium social qui *in fine* intoxiquera leurs dirigeants. Quoi de mieux pour cela que d'instiller le doute, en jouant sur les fragilités de l'une de nos ressources les plus essentielles : l'énergie ?

Les gouvernements européens ne sont pas dupes. Ils mesurent le risque d'un embrasement social et organisent rapidement la riposte. Le problème est que le président de la Fédération de Russie attise les braises d'un feu qui couve déjà depuis plusieurs années. L'énergie est devenue un grand bazar dans lequel les 450 millions de citoyens européens – et parmi eux 68 millions de Français – ne se retrouvent plus. Et la multiplication des autorités administratives indépendantes, médiateurs nationaux, associations de consommateurs, comparateurs, accompagnateurs, conseillers ou services clients n'y change malheureusement pas grand chose.

Sans parler des entreprises en quête de visibilité qui, de crise en crise, se retrouvent, elles aussi, dans le brouillard le plus complet. Les nombreux ministères chargés de près ou de loin du sujet (Transition énergétique et écologique, Industrie, Économie, Finances, PME, etc.), et même un délégué interministériel au Nouveau Nucléaire (dirigé par un ancien patron de la direction générale de l'Armement) ont beau multiplier les plans, annonces et autres mesures, ils ne font paradoxalement qu'accentuer le sentiment de confusion.

I.
Et tout a basculé…

Une nouvelle guerre de l'énergie

Le jour même de l'invasion de l'Ukraine par les troupes russes, des membres des gouvernements européens sont réunis à Bruxelles, à l'occasion d'un Conseil des ministres présidé par la Française Agnès Pannier-Runacher. Celle qui a alors le portefeuille de l'industrie au sein du gouvernement de Jean Castex se souvient : « Je suis arrivée la veille. Tous les ministres sont là, l'ambiance est lourde. Les pays de l'ex-pacte soviétique sont particulièrement marqués. Le conseil se déroule avec beaucoup de solennité, et des prises de paroles *a minima*. On sait qu'il faudra rapidement libérer la salle pour l'arrivée des leaders politiques. On fait le conseil le plus efficace auquel j'ai participé depuis que je suis au gouvernement, soit trois ans et demi[1]. »

Puis les ministres sortent un à un pour rejoindre précipitamment les cellules de crise organisées

1. Entretien avec l'auteur à l'hôtel de Roquelaure, Paris, le 20 janvier 2023 (sauf mention contraire, toutes les citations d'Agnès Pannier-Runacher sont issues de cet entretien).

par leurs pays respectifs. Dans les couloirs, chacun fait part de son émotion. « Il y a du ressentiment, reprend Agnès Pannier-Runacher. Certes, des signaux faibles étaient observés depuis plusieurs semaines, mais nous voulions croire que les Russes n'oseraient jamais mettre cette menace à exécution. Tout le monde est sous le choc. Et en même temps, on sent immédiatement que la meilleure protection se joue dans cette salle : c'est l'Europe, unie et indissociable, le fait d'être 27, à se tenir et à faire front ensemble. Je me dis que je dois enregistrer dans ma mémoire le film de ce que je suis en train de vivre car j'ai pleinement conscience que cela constitue un moment d'histoire. Je suis impressionnée par la rapidité avec laquelle tout se met en œuvre. »

Dans son bureau parisien avec vue imprenable sur la tour Eiffel, Fatih Birol, le directeur exécutif de l'Agence internationale de l'énergie (AIE), confirme l'état de sidération dans lequel les dirigeants européens se trouvent plongés. « Il existait effectivement de nombreux signes avant-coureurs », confirme l'économiste d'origine turque (il est né à Ankara), qui conseille régulièrement les principaux dirigeants de la planète. Le magazine américain *Forbes* n'a pas hésité à le désigner comme l'une des personnalités les plus influentes de la scène énergétique mondiale.

Avec sa réputation de « bourreau de travail » mais aussi d'« excellent communicant », selon les termes d'un grand patron du CAC 40, Fatih Birol officie donc depuis 2015 comme directeur exécutif de l'AIE. Créée en 1974 à l'initiative des États-Unis après le premier choc pétrolier, cette institution est basée à Paris et rattachée à l'Organisation de coopération et de développement économiques (OCDE). Elle constitue un poste d'observation unique des grands soubresauts qui agitent les marchés de l'énergie.

« Dès les années 2000, alors que j'officiais comme économiste en chef à l'AIE, j'avais déjà alerté sur les risques d'une dépendance à la Russie, se souvient-il. J'ai publié de nombreuses tribunes. Plusieurs semaines avant l'invasion de l'Ukraine, nous avons encore lancé des alertes, après avoir observé une baisse significative des volumes de gaz russe. Mais c'est vrai, personne ne pensait que la Russie mettrait de telles menaces à exécution[1]. »

À Hostomel, dans l'oblast de Kiev, l'aéroport et ses environs sont conquis en moins de 24 heures, tandis que la capitale se voit, elle, instaurer un couvre-feu. Mais une autre cible va rapidement jeter l'effroi dans le monde entier : en fin de journée, à 130 kilomètres au nord, une partie

1. Entretien au siège de l'Agence internationale de l'énergie à Paris, le 19 avril 2023 (sauf mention contraire, toutes les citations de Fatih Birol sont issues de cet entretien).

des troupes russes a passé la frontière avec la Biélorussie et se dirige vers Tchernobyl pour en prendre le contrôle. Pour la première fois dans l'histoire des conflits récents, une centrale nucléaire devient un butin de guerre. Et pas n'importe laquelle : l'explosion de son réacteur numéro 4, durant la nuit du 26 avril 1986, encore dans toutes les mémoires, avait provoqué l'une des plus graves catastrophes nucléaires de l'histoire.

Quelques jours plus tard, à 700 kilomètres plus au sud de l'Ukraine, en suivant le cours du Dniepr, le fleuve qui se jette dans la mer Noire, les troupes russes s'emparent d'une deuxième centrale nucléaire : Zaporijia, à 300 kilomètres au nord de Kherson. À la différence de Tchernobyl, ses six réacteurs sont en parfait état de fonctionnement. Zaporijia est même, avec 6 000 mégawatts (MW) de puissance installée, la plus grosse centrale nucléaire de toute l'Europe, juste devant Gravelines, dans le nord de la France.

À cet instant, plus aucun doute n'est permis. Cette guerre est aussi une guerre de l'énergie. À l'intérieur même de l'Ukraine tout d'abord, puisque les Russes chercheront dans un premier temps à s'emparer des centres de production les plus importants – avant, quand le vent tournera, de pratiquer la politique de la terre brûlée, en détruisant ou endommageant systématiquement les installations et les réseaux.

Mais également à l'extérieur des frontières, puisque les conséquences du conflit se feront ressentir à travers tout le continent, et même dans le monde entier. La France est concernée au premier chef, elle qui n'a jamais été indépendante énergétiquement (l'Europe l'est encore moins), n'en déplaise aux politiques de toute obédience qui, régulièrement, réécrivent l'histoire.

Dès le début, la Russie adopte une stratégie de « guerre hybride » : elle utilise des moyens conventionnels auxquels s'ajoutent d'autres vecteurs de déstabilisation. Ceux-ci visent à influer sur les opinions publiques des pays ennemis, et, par effet domino, sur les décisions de leurs dirigeants. Et l'énergie, nous le verrons, représente un levier ô combien efficace.

Naissance du XXIe siècle

Ancien journaliste à *La Croix* et au *Monde*, spécialiste en stratégie militaire et auteur de nombreux ouvrages, Pierre Servent a théorisé dans son ouvrage *Le Monde de demain*[1] la volonté de la Russie de frapper l'Occident de multiples manières et, au-delà de la prise de guerre que représente l'Ukraine, de le toucher dans ce qu'il a de plus fragile et de plus cher (dans tous les sens du terme) : son économie. Alors que les sanctions

1. Robert Laffont, 2022.

européennes viseront avant tout le pouvoir du Kremlin et les oligarques qui gravitent autour, c'est aux ménages européens que Vladimir Poutine veut s'en prendre directement. Son pari ? Qu'ils fassent porter la responsabilité de l'inflation des prix de l'énergie, des produits ou des biens de consommation à leurs gouvernements. Que leur désarroi, leur colère, voire leurs révoltes, se retournent contre eux.

Une stratégie mise en place largement en amont de l'offensive en Ukraine. Dès les premiers mois de l'année 2021, les services de renseignement de nombreux pays observent des « signaux de basse intensité » annonciateurs d'un bouleversement à venir. À ce moment, personne ne le sait encore vraiment, mais un monde nouveau est en train de se dessiner. Un monde où l'énergie cesse d'être bon marché. Ceux qui la produisent ne font pas forcément plus de profits (quoique…). Mais le coût pour protéger l'environnement est enfin pris en compte.

Un acteur important du secteur de l'énergie, qui a requis l'anonymat, confirme le mouvement haussier « inévitable » des prix : « Déjà pour l'électricité, le parc nucléaire français arrivera bientôt en fin de vie, rappelle-t-il. Et même si on le poursuit un peu, il faudra effectuer de nombreux travaux de maintenance. Le nucléaire aujourd'hui tourne autour de 42 euros le mégawattheure (MWh), mais le gouvernement a déjà commencé à intervenir temporairement pour l'augmenter. Quant au Nouveau Nucléaire, si on se base sur ce qui se passe en Angleterre avec Hinkley Point, et en France sur la base des calculs de la Cour des comptes, on est plutôt à 120 euros le mégawattheure. On peut prendre le sujet comme on veut, ça ne peut donc qu'augmenter. » Et ce bon connaisseur du secteur de citer les projections du gestionnaire du réseau électrique : « RTE[1] parle de 1 000 milliards d'euros d'investissements pour la transition énergétique jusqu'à 2050, nécessaires pour la production, donc le Nouveau Nucléaire et le renouvelable, mais aussi toute la modernisation du réseau, que ce soit le transport [les gros tuyaux] ou la distribution [les plus petits, qui font les derniers kilomètres][2]. »

Laurence Poirier-Dietz, la directrice générale de GRDF, la filiale « distribution » de gaz d'Engie, fournit elle aussi quelques chiffres : « Pour arriver à verdir l'ensemble du gaz à l'horizon 2050, et en tenant compte de volumes qui diminuent grâce aux efforts de sobriété et d'efficacité énergétique, il faut compter 140 milliards d'euros d'investissements, explique-t-elle. Dans cette somme, moins de 10 milliards d'euros seront dédiés aux réseaux. Le reste, ce seront tous les investissements dans

1. Réseau de transport d'électricité.
2. Entretien le 8 juin 2023.

les outils de production[1]. » Le directeur Biométhane de GRDF, Xavier Passemard, renchérit : « Pourquoi ça va coûter plus cher demain ? Parce que jusqu'à récemment, les prix des marchés de l'énergie ne reflétaient pas les vrais coûts, et notamment l'impact des gaz à effet de serre. Mais dès lors que l'on rentre dans un système vertueux, il faut tenir compte de ce passif écologique. Et cela fait forcément augmenter les prix[2]. »

Cachez-moi cette pollution que je ne saurais voir. On savait donc, mais la tentation de l'énergie *low cost* a longtemps été plus forte. Jusqu'à ce que la nature nous renvoie les conséquences de notre incurie à la figure, par le biais du réchauffement climatique. « Quand on travaille sur les sujets climat et énergies fossiles, on sait forcément qu'à un moment, il y aura une crise quelque part, confirme Nicolas Goldberg, expert Énergie pour le cabinet de conseil Colombus Consulting. Ne serait-ce que parce qu'en Europe, on était importateurs de pays peu recommandables. Ce n'était pas tenable. D'ailleurs, je pense que la crise du pétrole de 1973 ne s'est jamais vraiment arrêtée[3]. »

---

1. Entretien le 8 juin 2023.
2. Entretien le 8 juin 2023.
3. Entretien le 26 avril 2023 dans les locaux parisiens de Colombus Consulting (sauf mention contraire, toutes les citations de Nicolas Goldberg sont issues de cet entretien).

En France, les particuliers, inquiets pour leurs factures, se ruent, pour certains, sur l'autoconsommation, et font installer sur leurs toitures des panneaux photovoltaïques à tour de bras. En quelques mois seulement, la demande progresse de 30 %. Fait nouveau : elle ne concerne plus seulement une poignée de bobos aisés ou de geeks amateurs de nouvelles technologies, mais également des ménages aux revenus modestes, désireux d'acquérir un peu d'indépendance énergétique et de faire baisser la note une fois qu'ils ne seront plus couverts par le bouclier tarifaire.

D'autant que la « précarité énergétique » gagne du terrain. Le nombre de demandes de coupure (hors trêve hivernale) que les fournisseurs ont adressées à Enedis est passé, en un peu plus de deux années, de 200 000 à 300 000. La pression sociale est telle qu'EDF prend en novembre 2021 une décision hautement symbolique : sa branche Fourniture ne demandera plus au distributeur de couper les clients qui n'ont pas réglé leurs factures. « Désormais, nous appliquerons systématiquement à la place une réduction de puissance, comprise entre 1 et 3 kilovoltampère [ou kVA, soit l'équivalent de 1 000 à 3 000 watts], explique à l'époque le directeur du pôle Clients, services et territoires d'EDF, Marc Benayoun. De quoi conserver les usages essentiels, comme l'éclairage, la recharge des téléphones, un chauffe-eau, une machine à laver, Internet ou encore un petit réfrigérateur, pour peu que l'utilisation de chacun de ces appareils se fasse l'une après l'autre, et pas en même temps. Mais le reste, le chauffage notamment, ne fonctionnera pas. »

Les particuliers ne sont pas les seuls à être lourdement touchés par l'inflation. Certains fournisseurs ne se sont pas assez « couverts » : ils n'ont pas acheté suffisamment d'électricité pour répondre à la demande. Il leur faut donc, dans l'urgence, faire le complément à prix fort sur les marchés, quand dans le même temps, les contrats qui les lient à leurs clients ne bougent pas. Une situation intenable qui conduit une partie d'entre eux à la faillite. Hydroption, basé à Toulon dans le Var, qui fournit de l'électricité principalement à des collectivités et des entreprises, se retrouve le premier sur cette liste noire. Pour survivre, d'autres cherchent à se débarrasser d'une partie de leurs clients. Ils leur envoient des courriers, leur téléphonent, pour les inviter à aller voir ailleurs, du côté de la concurrence, afin de baisser les volumes d'électricité ou de gaz à fournir. Du jamais-vu.

Côté PME, la situation n'est guère plus reluisante. Certaines se voient obligées de louer des générateurs diesel pour leurs locaux et leurs ateliers, plutôt que de signer avec leurs fournisseurs des renouvellements de contrats à des niveaux de prix intenables. Comme Palettes 53, par exemple. Jusque-là, les factures d'électricité de cette scierie installée à Villaines-la-Juhel (Mayenne) tournaient autour de 90 000 euros par an. Engie, son fournisseur, lui a envoyé une estimation pour l'année suivante de… 600 000 euros[1]. Le choix a été vite fait.

Les grands groupes sont logés à la même enseigne. Certains parmi les « énergo-intensifs », les très gros consommateurs, envisagent carrément de délocaliser une partie de leur activité, au moins temporairement. À l'instar du sidérurgiste Ascoval, qui veut déménager la production d'acier de l'un de ses sites du nord de la France vers une usine allemande, alimentée au charbon. Il doit néanmoins y renoncer, face au tollé que suscite le projet. Et puisque l'on parle de charbon, la fermeture programmée de certaines des dernières centrales françaises de production électrique fonctionnant avec ce minerai est repoussée, comme à Saint-Avold, dans la Meuse.

On le voit, face à cette flambée inédite des prix de l'énergie, les situations compliquées s'accumulent. Au point qu'au mitan de cette année 2022, en préambule du Conseil des ministres de rentrée, mercredi 24 août, Emmanuel Macron évoque pour la première fois devant les caméras de

1. https://www.leparisien.fr/economie/prix-de-lelectricite-pour-eviter-de-payer-six-fois-plus-cher-ce-patron-va-louer-un-generateur-diesel-29-12-2021-JMFX7AAQXREJJM4ERJFREOEBII.php?ts=1693289678194

télévision « une série de crises plus graves les unes que les autres » qui secouent le monde, et par conséquent la France. Le président de la République en appelle à « l'unité », évoquant tour à tour « la fin de l'abondance », « la fin d'une forme d'insouciance » et « la fin des évidences ». Selon lui, la France vit « une grande bascule » absolument inédite.

Pierre Servent, toujours dans *Le Monde de demain*, ne voit pas les choses autrement. Pour l'expert, les historiens retiendront que le XXIe siècle n'est finalement pas né le 11 septembre 2001, jour des attentats contre les deux tours du World Trade Center et le Pentagone aux États-Unis, mais bien un 24 février, avec le début de la guerre en Ukraine. « Nous vivons une bascule historique, la fin de la mondialisation heureuse, le retour du primat du politique sur l'économique avec le poids de l'idéologie et l'enfermement dans les croyances. »

Un plan de défense

Retour dans l'enceinte de la Commission européenne. La première réponse à l'agression russe consiste à connecter le réseau électrique ukrainien, mais également moldave, au système européen, le plus grand du monde par la puissance connectée, avec 24 pays et 400 millions d'habitants, qui court du Portugal à l'ouest jusqu'à la

Turquie à l'extrême est[1]. L'Ukraine était jusqu'alors historiquement synchronisée avec le réseau électrique russe, mais depuis l'invasion, elle s'en est désolidarisée. Le projet était déjà envisagé depuis 2017 et devait se mettre en place en 2023 (en incluant les pays Baltes), mais la guerre a précipité le processus. Il s'agit, comme l'explique à l'époque RTE, de soutenir électriquement l'Ukraine en cas de difficulté via sept lignes à très haute tension, dont une venant de Roumanie qui a été remise en état pour l'occasion. Le pays bénéficie alors d'une capacité de production de 50 gigawatts (GW). Mais compte tenu de l'effondrement de l'économie en ce début de conflit, et avec la fin de l'hiver qui arrive, les besoins ne sont plus que d'une quinzaine de gigawatts. Il dispose également de stocks importants de charbon pour alimenter ses centrales thermiques.

Les gestionnaires de réseau de transport électrique européens pourront ainsi aider, en cas de besoin, à stabiliser le système électrique ukrainien. Si un manque de production d'électricité survenait par exemple (et nous verrons par la suite que cela se produira malheureusement à de nombreuses reprises), ils pourront fournir de l'électricité de secours. « De Lisbonne à Kiev, tous les moyens de production sont reliés entre eux et

1. https://www.rte-france.com/actualites/reseau-electrique-ukrainien-est-desormais-connecte-reseau-europeen

battent à la même pulsation [50 hertz, le nombre de « pulsations » par seconde, soit la fréquence du réseau électrique]. Si l'un vient à faire défaut, les autres peuvent venir soulager l'ensemble du système[1] », assure-t-on alors à RTE.

Agnès Pannier-Runacher se souvient de ce moment particulier, à la symbolique si forte : « On l'a un peu oublié aujourd'hui, mais cette manœuvre, ça a été quelque chose, raconte la ministre. Cela comportait de sacrés risques, car il ne fallait surtout pas déséquilibrer notre propre réseau. Un problème survenu en Ukraine pouvait se répercuter jusqu'en Espagne, comme ce qui s'était passé en Allemagne en 2006 [des coupures en cascade avaient été provoquées par l'arrêt d'une ligne à haute tension enjambant le fleuve Ems, dans le nord-ouest du pays, lors du passage d'un bateau de croisière norvégien]. Et cela a été réalisé en moins de trois semaines par les opérateurs de réseau, les équivalents européens de RTE, la filiale d'EDF qui gère le transport d'électricité. Un exploit. »

Un autre dossier arrive très rapidement : celui du stockage de gaz. Là aussi, les 27 États membres conviennent d'une réglementation qui obligera à un remplissage des sites à au moins 90 %, sur le modèle de ce qu'appliquaient déjà la

1. Échange le 16 mars 2022 avec un responsable de RTE.

France et l'Italie depuis plusieurs années. Chacun a en tête qu'il faut s'affranchir du gaz russe au plus vite. Avant le début de la guerre, 45 % du gaz consommé en Europe (et 17 % en France) provenait de ce seul pays. Le texte est mis au point en moins de deux mois. Un record dans l'histoire du Conseil européen de l'énergie. « On a agi dans l'urgence, mais pas dans la précipitation, estime Agnès Pannier-Runacher. Il n'était pas question de se dérouter de la trajectoire inscrite au long cours, et des objectifs de *Fit for 55* [l'Union européenne s'est fixé comme double objectif d'atteindre la neutralité carbone en 2050 et de réduire les émissions de gaz à effet de serre de 55 % au moins en 2030 par rapport à 1990]. Ça pouvait être tentant de le faire, pour parer au plus urgent et faire le plus efficace possible, mais cela aurait été une grosse erreur. »

Une étincelle dans un réservoir d'essence

La rapidité avec laquelle l'Europe a réagi surprend tout le monde. La complexité de ses processus décisionnels en fait d'habitude une sorte d'éléphant qui se meut puissamment, mais avec beaucoup de lenteur. Cette fois, les 27 ne font quasiment qu'un. « Cette capacité de résilience a conduit la Russie à perdre assez rapidement la bataille de l'énergie, observe Fatih Birol. Avec

75 % de ses exportations de gaz et 55 % de pétrole qui lui étaient destinées, l'Europe était le principal client de la Russie. Pourtant, en une petite année, ses revenus provenant de ces ventes ont chuté de moitié. Et il ne lui sera pas si facile de se tourner vers l'Asie pour compenser. Ensuite, du côté de l'Europe, ses dirigeants ont enfin compris l'importance de la diversification des sources d'approvisionnement. Quand vous partez en vacances, vous ne confiez pas les clés de votre maison à quelqu'un en qui vous n'avez pas confiance. Avec l'énergie, c'est la même chose. Vous ne vous rendez pas dépendant d'un seul pays. Surtout quand c'est la Russie. »

Une critique que partage Nicolas Goldberg : « Cette crise a été l'étincelle dans un grand réservoir d'essence, estime l'expert en énergie. La stratégie allemande de copinage avec la Russie pour se faire livrer du gaz horrifiait les pays de l'Est notamment. L'Allemagne avait "vendu" le projet North Stream 2, qui consistait à doubler l'un des principaux gazoducs entre la Russie et l'Europe, pour un coût de plus de 20 milliards d'euros, comme un projet économique. À l'époque pourtant, la consommation de gaz n'évoluait pas. De toute évidence, ce projet était avant tout une arme d'influence géopolitique. Il est aberrant que personne ne se soit interposé avant. »

La guerre en Ukraine a donc poussé le continent européen à faire marche arrière et à se détourner du pétrole et du gaz russes au profit d'autres fournisseurs, avec comme effet collatéral une explosion des factures. De son côté, le Kremlin a écoulé à prix cassés une partie des stocks auprès de ses clients chinois et indiens. La stratégie de Vladimir Poutine, qui consistait à couper les robinets du gaz et du pétrole, dans le but d'utiliser ces ressources comme « arme de guerre », a poussé les 27 à revoir en profondeur leurs chaînes d'approvisionnement. « La bataille pour la molécule allait forcément être générale, reprend Nicolas Goldberg. Or nous avons en Europe un système électrique et gazier assez intégré, avec des interdépendances qui favorisent les interconnexions, et, indirectement, la paix à l'intérieur de nos frontières. Sans une coordination de l'UE, on aurait été dans l'exacerbation du chacun pour soi, avec des stratégies très différenciées vis-à-vis de la Russie, ce qui aurait alors largement profité à cette dernière, certains pays trouvant peut-être un intérêt à se rapprocher d'elle. »

Les nouvelles routes

C'est ainsi toute une géographie des échanges, notamment énergétiques, qui a été redessinée, créant un bouleversement mondial pour les décennies à venir. « Cette crise de l'énergie est encore bien plus grave que celle des années 1970, affirme

Fatih Birol. D'abord, parce que les chocs pétroliers de 1973 et 1979 portaient sur une seule énergie, le pétrole. Aujourd'hui, elles sont toutes concernées. Le pétrole évidemment, mais également le gaz, le charbon ou l'uranium. Et puis le contexte géopolitique est bien plus complexe, avec de nombreuses interdépendances. Dans les années 1970, seuls quelques pays du Moyen-Orient étaient concernés, face au reste du monde. Aujourd'hui, les protagonistes sont aux quatre coins de la planète. »

Sans parler du changement climatique, dont les répercussions sur l'environnement et les populations pèsent de plus en plus lourd pour les dirigeants, notamment dans les sociétés occidentales. « Ce conflit a créé un choc massif sur le système énergétique européen et même mondial, confirme Agnès Pannier-Runacher, devenue ministre de la Transition énergétique à la faveur de la réélection d'Emmanuel Macron en 2022. Il nous a fallu inventer de nouvelles routes de l'énergie. »

Parmi toutes les ressources qui s'échangent en masse entre les différents continents, le gaz est de loin celle qui a été la plus touchée par la guerre. Pour Fatih Birol, cela a eu pour conséquence de rebattre les cartes sur l'échiquier mondial : « Cette crise a permis de redonner du sens à un mot magique : la diversification. Vous devez diversifier vos fournisseurs d'énergie, vos importations, vos routes d'acheminement. Et ne pas mettre, comme le conseille la sagesse populaire, tous vos œufs dans le même panier. C'était une erreur stratégique de l'Europe. » D'où la nécessité pour les pays qui en sont à l'origine d'accomplir une sérieuse autocritique.

Un autre expert des échanges internationaux de l'énergie livre sa lecture des bouleversements récents : « Seule une faible quantité, quelques pourcents tout au plus, transite encore sous forme gazeuse via le pipeline Brotherhood, qui traverse l'Ukraine, ainsi que le TurkStream, qui passe par la Turquie[1] », explique Laurent Néry. Directeur des analyses de marchés d'Engie, il décortique les grandes tendances géostratégiques et géopolitiques à travers les énormes volumes de datas que lui fournissent les marchés. Celles de l'année 2022 l'ont conduit à une conclusion : peu d'industries auraient, selon lui, survécu à un tel choc, et le continent a fait preuve d'une remarquable résilience. « Il a fallu anticiper dès les premiers signaux fin 2021, note-t-il encore. Puis payer très cher du gaz venu d'ailleurs. » Car même si la Norvège et la Grande-Bretagne d'un côté, l'Algérie et la Libye de l'autre, continuaient de fournir du gaz par pipeline, comment compenser la perte du

1. Entretien au siège d'Engie le 14 février 2022.

gaz russe ? Par des demandes supplémentaires de gaz naturel liquéfié (GNL), ce gaz naturel qui, refroidi à – 160 °C, devient liquide. Son volume est alors réduit de 600 fois et son transport par bateau facilité. Une fois arrivé dans un terminal méthanier, il est regazéifié pour être réinjecté dans le réseau terrestre. C'est ce GNL qui a été au cœur de la contre-offensive européenne.

Mais la peur de manquer est extrêmement prégnante. Au point que l'Europe se montre prête à se procurer du GNL quasiment à n'importe quel prix. Agnès Pannier-Runacher a été témoin de cette fièvre acheteuse : « La difficulté, ce n'était pas vraiment la disponibilité du produit. Nous étions prêts à payer le gaz bien plus cher que tous les autres pays, qui cherchaient alors à se repositionner sur d'autres énergies. » Résultat : en août 2022, le mégawattheure de gaz s'échangeait à plus de 300 euros, contre une vingtaine deux ans auparavant.

Les principaux fournisseurs ? Les États-Unis notamment, où TotalEnergies se trouve déjà solidement implanté. « Nous avons fait le choix de parier sur le GNL dès 2018 en rachetant des actifs à plusieurs entreprises, dont certaines françaises, avec l'objectif de devenir le numéro 3 mondial, confiait au *Parisien-Aujourd'hui en France*, le 6 février 2022, Patrick Pouyanné, le P-DG du groupe. À l'époque, le pari n'était pas évident[1]. » Il s'est pourtant avéré gagnant : quatre ans plus tard, le géant français est devenu le premier exportateur de GNL depuis les États-Unis. De quoi permettre au groupe de réaliser en 2022 le plus gros bénéfice de toute son histoire, soit 19,5 milliards d'euros.

« C'est d'abord le résultat du travail des salariés, souligne Patrick Pouyanné, ainsi que d'une stratégie d'entreprise décidée largement en amont, un pari même. Effectivement, dans les prochaines années, il faudra encore beaucoup de GNL. Mais honnêtement, personne n'aurait pu imaginer que les prix atteindraient de tels sommets. » D'autant que, le patron l'admet facilement : ces investissements n'avaient pas été à la base pensés pour fournir l'Europe. À l'époque, le continent bénéficiait de suffisamment de gaz acheminé par pipeline, notamment – nous l'avons vu – de la Russie. « On les destinait en priorité à l'Asie du Sud-Est, rebondit Patrick Pouyanné. En particulier la Chine, qui consomme beaucoup de charbon, et où le gaz peut être utilisé comme énergie de transition, de quoi lui permettre, à terme, d'émettre deux fois moins de carbone. »

Après la Chine, TotalEnergies visait l'Inde, la Corée du Sud, la Thaïlande ou encore le Vietnam,

1. Sauf mention contraire, toutes les citations de Patrick Pouyanné sont issues de cet entretien.

des marchés en croissance de « près de 10 % à l'époque ». « Ce qui s'est passé en Europe, c'est presque un hasard, assure-t-il, comme pour s'excuser de l'opportunité que la guerre lui a offerte. D'ailleurs, on s'est aussi trompé puisqu'on a investi en Russie. On ne peut pas être visionnaire sur tout. » Il est vrai que sans les pertes comptables liées à son retrait du pays, le bénéfice net ajusté de l'entreprise aurait grimpé de 19,5 à… 33,7 milliards d'euros.

« Le Qatar a pu également augmenter ses livraisons à destination de l'Europe pour compenser la perte du gaz russe, précise Laurent Néry. L'Australie en revanche, le troisième poids lourd de la filière GNL, était trop éloigné. » TotalEnergies a d'ailleurs prévu d'investir 1,55 milliard d'euros dans le champ gazier North Field South (NFS), une extension du champ offshore North Field, le plus grand gisement de gaz naturel au monde, situé en pleine mer entre le Qatar et l'Iran. Le géant français avait déjà signé un accord de plus de 2 milliards de dollars avec Doha en juin 2022 pour le développement d'une autre extension de ce même champ gazier. TotalEnergies entretient en effet des relations étroites avec ce petit émirat qui est, à lui seul, le quatrième producteur mondial de gaz et, surtout, le premier dans le GNL.

Dans une moindre mesure, d'autres pays ont également contribué à la diversification de l'approvisionnement : la Norvège bien sûr, mais également l'Algérie, l'Égypte, le Nigeria ou encore Trinité-et-Tobago. Du côté du continent asiatique, la Malaisie et l'Indonésie ont envoyé quelques chargements méthaniers. De quoi couvrir au total 70 % de la consommation européenne.

Au passage, cette diversification s'est forcément faite au détriment d'autres pays, souvent émergents, qui n'étaient pas en mesure de s'aligner sur les prix que proposaient les Européens. Ce que rappelle, avec une certaine honnêteté, le patron de TotalEnergies : « Qu'est-ce qu'on a fait en 2022 ? explique Patrick Pouyanné. On [l'Europe] est quand même allé piquer tout le fameux gaz aux pays émergents qui en avaient pourtant besoin, en le payant plus cher. Notre continent a donc encore subventionné des énergies fossiles, à hauteur de 500 milliards d'euros. La réalité, c'est qu'aujourd'hui, notre économie fonctionne toujours avec du pétrole, du gaz et du charbon. C'est la réalité du monde. Alors, il faut absolument transformer cette consommation pour répondre au défi climatique, mais ça prend du temps, tout ça. »

Le GNL, nouveau roi de l'énergie

En attendant de « répondre au défi climatique » comme l'indique Patrick Pouyanné, les terminaux méthaniers sont donc devenus incontournables dans la politique énergétique de l'Europe. Rapidement après le début de la guerre, ils se sont mis à fonctionner à plein régime. Nous l'avons vu, ces infrastructures portuaires permettent de réceptionner le gaz transporté par bateau sous forme liquide, pour le regazéifier et l'injecter dans le réseau. Coût de fabrication d'un terminal : environ un milliard d'euros. La France en compte quatre : Fos-Cavaou, Fos-Tonkin (Bouches-du-Rhône), Montoir-de-Bretagne (Loire-Atlantique), propriétés d'Elengy, filiale d'Engie ; et Loon-Plage (Nord), qui appartient à EDF. Un cinquième, flottant, construit par TotalEnergies, a lancé sa production en septembre 2023 près du Havre (Seine-Maritime).

Alors qu'ils étaient jusqu'en 2021 sous-exploités, avec une activité qui ne dépassait pas 60 % de leurs capacités au mieux, ces points d'entrée pour les navires géants transportant dans leurs cuves des dizaines de milliers de tonnes de GNL sont devenus des maillons stratégiques de la chaîne d'approvisionnement en énergie pour tout le continent. Au point de faire en quelques mois de la France et de ses trois façades maritimes un importateur net.

Traditionnellement les années précédentes, les deux tiers des approvisionnements consistaient en gaz transporté par pipeline à travers toute l'Europe. En 2022, cette proportion a chuté sous la barre des 50 %. Et elle devrait encore diminuer dans les prochaines années. La compensation vient donc désormais du GNL, notamment américain et qatari, et pas seulement en France. D'autres infrastructures sont en cours de construction, notamment au bord de la Méditerranée et dans la mer du Nord. L'Allemagne par exemple, qui jusque-là n'était pourvue d'aucun port méthanier, car ultra-dépendante du gaz russe acheminé par pipeline via Nordstream 1, a dû en construire un dans l'urgence. En seulement neuf mois, il est sorti de terre à Wilhelmshaven, près de Brême, au bord de la mer du Nord. Six autres devaient suivre d'ici à fin 2023.

Ces terminaux méthaniers sont donc devenus des points hautement stratégiques. À Fos-Cavaou par exemple, sur la pointe orientale de la Camargue, depuis le lancement du site en 2010, 80 opérateurs se relaient en trois-huit toute l'année pour réceptionner le GNL[1]. Dans la salle des commandes, tour de contrôle qui surveille en temps réel les 80 hectares du site, chefs de quart et tableautistes sont en permanence à la manœuvre. Un bateau méthanier reste à quai une trentaine d'heures en moyenne, dont la moitié au moins pour simplement décharger le gaz de ses

1. Reportage le 24 mars 2023. https://www.leparisien.fr/economie/dans-les-terminaux-methaniers-la-course-au-remplissage-des-stocks-de-gaz-enfin-lancee-22-04-2023-JHRLWTG7ZVEBHAXDXYKG3UVLVI.php

cuves. Les plus petits, des Medmax (pour Mediterranean maximum), affichent déjà des dimensions hors norme : 230 mètres de longueur pour 35 de large, avec une capacité de 75 000 mètres cubes. De quoi assurer le chauffage d'une ville comme Saint-Nazaire ou La Rochelle pendant toute une année. Un seul bateau !

Et ce ne sont même pas les plus gros. Voyez les performances d'un Qatarmax, ou Q-max : « Eux, ce sont vraiment les champions toutes catégories, explique Thierry Labrousse, le directeur adjoint du terminal méthanier de Fos-Cavaou. Avec 345 mètres de longueur pour 50 de large, ils peuvent transporter jusqu'à 267 000 mètres cubes de gaz dans leurs cuves. » Leur pont, dit-on, est si imposant que pour gagner du temps, les marins s'y déplacent à vélo.

Stocké dans les trois gigantesques réservoirs de 110 000 mètres cubes, le gaz est ensuite injecté dans le réseau à un rythme qui peut atteindre jusqu'à 1,4 million de mètres cubes par heure, pour rejoindre les sites de stockage. « Quand les trois terminaux d'Elengy tournent à plein régime, l'énergie qui transite par eux représente l'équivalent de la production journalière de 33 réacteurs nucléaires », précise encore le directeur du site. Deux cent soixante-six de ces navires ont ainsi vidé leurs soutes dans ce terminal sur la seule année 2022. Et la cadence s'est encore accélérée en 2023.

Mais avec la grève survenue en France en mars 2023 contre la réforme des retraites, dans les quatre terminaux méthaniers, ainsi que dans les quatorze sites de stockage, dont onze opérés par Storengy, une autre filiale d'Engie, le pays a été à deux doigts de la catastrophe. « Nous avons quand même été en mesure d'amorcer le remplissage des stocks en augmentant momentanément les importations par gazoducs, avait indiqué à l'époque la direction d'Engie. Les entrées se sont faites depuis l'Espagne et la Belgique. En parallèle, nous avons réduit momentanément les exportations[1]. » La nouvelle campagne de remplissage des stocks a finalement pu être lancée début avril. Mais en risquant de manquer de chauffage pour l'hiver prochain, la France a eu chaud.

La mise en place d'une nouvelle logistique d'approvisionnement en gaz a eu pour effet d'inverser complètement le sens des flux dans toute l'Europe. Ainsi, au lieu de transiter majoritairement d'est en ouest comme auparavant, une bonne partie du gaz a pris dès le milieu de l'année 2022 le chemin exactement inverse. Il part dorénavant de la façade atlantique et méditerranéenne, pour irriguer l'intérieur du continent. En 2022, l'Union européenne aura ainsi importé près de 70 % de GNL supplémentaire par rapport à

1. Échange par téléphone avec la direction d'Engie, le 4 avril 2023.

l'année précédente, portant les volumes à plus de 100 millions de tonnes.

La bataille du gaz n'est pas terminée

Et la suite ? Cette course contre la montre va malheureusement se répéter chaque automne pendant au moins quelques années, même si une trentaine de nouveaux terminaux d'importation sont en projet sur le continent. « Le marché mondial du GNL, aujourd'hui, c'est 400 millions de tonnes (MT), confirme Patrick Pouyanné. Dont 30 % pour l'Europe. Et on a détourné en 2022 15 MT de la Chine, qui, avec sa politique zéro Covid, n'en avait momentanément pas besoin. Mais à des prix de marché qui sont montés très haut, de façon irrationnelle, poussés par la peur du manque. De quoi néanmoins éviter toute rupture d'approvisionnement. » Le patron de TotalEnergies marque une pause, comme s'il refaisait défiler les événements dans sa mémoire : « Quand je fais le bilan de l'année 2022, on s'est peut-être fait engueuler un peu partout mais au moins, personne n'a manqué d'énergie, et notamment de gaz. » De quoi, selon lui, envisager la suite des événements de façon positive.

Pour la seule année 2023, il prévoit pour son groupe une croissance de sa production de 2 % dans les hydrocarbures, à 2,5 millions de barils par jour, ainsi que des investissements nets de

16 à 18 milliards de dollars – dont 5 milliards consacrés aux énergies bas carbone et 4,5 milliards dans les nouveaux projets de gaz et de pétrole. Malgré cela, il demeure extrêmement prudent. L'incertitude règne. Et personne n'est à l'abri d'un nouveau soubresaut de l'actualité internationale.

Dans son bureau, Fatih Birol sait lui aussi que le plus dur n'est pas forcément derrière l'Europe : « On est loin d'en avoir terminé avec les tensions, avertit-il. Je vous ai parlé de la résilience et de la solidarité dont les 27 ont su faire preuve. C'était une très bonne chose. Mais le continent a eu aussi de la chance, avec un hiver particulièrement doux et une Chine appliquant la politique zéro Covid à l'ensemble de sa population. De quoi ralentir sensiblement l'ensemble de son activité économique, et donc sa consommation de gaz naturel liquéfié. Une première depuis plus de quarante ans. Ce qui a permis à l'Europe d'en acheter plus sur les marchés. Mais l'hiver prochain, la donne ne sera plus du tout la même. Et la Chine va redevenir le plus gros consommateur de GNL au monde. Il sera donc plus difficile de s'en procurer. »

Avant la guerre en Ukraine, le volume de GNL disponible sur les marchés mondiaux augmentait chaque année d'environ 40 milliards de mètres cubes (MMC). Mais en 2023, il a été moitié moins : 23 MMC. « Si on résume, reprend Fatih Birol, moins de GNL et plus de Chine, il suffirait d'un hiver vraiment froid pour qu'on ait cette fois-ci de sérieux problèmes. Il ne faut surtout pas que les dirigeants européens baissent la garde et relâchent leurs efforts. Ils doivent au contraire demeurer extrêmement vigilants. Le gaz reste trois fois plus cher qu'avant la guerre. Et sept fois plus cher qu'aux États-Unis. » Pour une accalmie durable, l'expert pense qu'il faudra attendre au moins 2026, le temps que de nouvelles capacités de liquéfaction – au Qatar, aux États-Unis ou au Canada – entrent en production. « Cela provoquera alors un surplus de GNL au niveau mondial, anticipe Fatih Birol. Suffisamment pour faire à nouveau chuter les prix. Mais attention ! Cela ne doit pas nous empêcher, à plus long terme, de continuer à mettre l'accent sur les nouvelles formes d'énergies et de mobilités vertes. »

Du pétrole américain

Le gaz a donc été au centre des préoccupations de l'Union européenne pendant toute l'année 2022, et encore en 2023. Mais l'or noir n'a pas été oublié non plus. Avant la guerre, 29 % du pétrole consommé par l'Europe arrivait de Russie. Avec les embargos, il a fallu là aussi compenser. « C'était un peu un jeu de bonneteau, se souvient Benjamin Louvet, directeur de la gestion matières premières à OFI Invest AM. La Russie a dérouté une partie de son brut vers la

Chine et l'Inde – lequel une fois raffiné peut être renvoyé vers l'Europe. Et nous avons pu compter sur des livraisons supplémentaires en provenance d'Irak, d'Arabie saoudite, de Norvège, des Émirats arabes unis, du Nigeria, d'Amérique du Sud, et bien sûr des États-Unis[1]. »

Les exportations de brut du continent nord-américain vers l'Europe ont ainsi grimpé de 52 % entre janvier et septembre 2022, avant même que les premiers embargos ne soient mis en place. Résultat : la part du pétrole russe dans les importations européennes est passée de 29 % en 2021 à pratiquement zéro fin 2022. Et les grands gagnants sont sans surprise tous les autres pays producteurs et exportateurs de pétrole brut. À commencer par les majors américaines que sont Exxon et Chevron, ainsi que deux européennes, TotalEnergies et Shell, qui, à elles seules, ont réalisé près de 200 milliards de dollars de bénéfices.

Patrick Pouyanné, le P-DG de TotalEnergies, n'aime pas qu'on le titille sur les « superprofits » réalisés par son groupe grâce à l'extraction et au commerce du gaz, mais aussi du pétrole, son activité historique. Pas question néanmoins d'esquiver le sujet. Quitte à mettre certains de ses pourfendeurs (et notamment des ministres) face à leurs propres contradictions : « Qu'ont fait de

1. Entretien par téléphone le 23 février 2023.

nombreux gouvernements [pendant les flambées des prix de l'énergie, notamment du pétrole] ? interroge le grand patron. Ils en ont profité pour monter les taxes, y compris en France. Ils font ça à chaque fois. C'est relativement indolore tant que les prix ne remontent pas. Et *a contrario*, quand le pétrole est haut, puis qu'il baisse à nouveau, ces mêmes gouvernements ne font pas l'inverse. » Patrick Pouyanné rappelle que quand le carburant, essence ou diesel, s'affiche à 2 euros à la pompe, 1 euro est dû aux taxes. De tels prix, atteints pendant la guerre en Ukraine, sont-ils voués à devenir la norme ? « Je pense que la tendance fondamentale sur le baril de pétrole, c'est qu'on arrive à un plafond et que dans l'avenir, il y a fort à parier que son prix baissera, car avec l'arrivée du véhicule électrique, la transition énergétique, etc., la demande diminuera, et donc le prix avec. Attention, ce n'est pas pour tout de suite. Pour l'instant, la consommation de pétrole continue de monter, du fait des pays émergents, mais ça ne durera pas. »

Le charbon fait grise mine

Concernant l'Europe, on a pu craindre un recours massif à ce combustible fossile, de loin le plus émetteur de gaz à effet de serre. En mars 2022, la production d'électricité à partir de charbon avait grimpé de 35 % par rapport au même mois de l'année précédente[1]. Un rebond finalement passager. En France, un tiers seulement des 22 millions de tonnes supplémentaires importées durant l'année a été utilisé. Et encore, sans la chute importante de la production nucléaire et hydroélectrique, le volume aurait été bien plus faible.

« Malgré le contexte tendu sur l'approvisionnement électrique, le charbon a eu un rôle marginal et ne représente plus que 0,6 % de la production en France », expliquait le gestionnaire du réseau RTE dans son bilan électrique 2022. De quoi réduire les inquiétudes des ONG qui craignaient que la sécurisation des approvisionnements ne passe avant la lutte contre le réchauffement climatique. Elles demeurent néanmoins vigilantes, face à la multiplication de nouveaux projets en matière de gaz, notamment avec la construction de nombreux terminaux méthaniers supplémentaires. « L'UE a vraiment pesé de tout son poids dans les négociations avec chacun de ses États membres, estime Nicolas Goldberg, de Colombus Consulting. Cela a abouti au plan *Repower EU*, qui visait à se passer totalement du gaz, du pétrole et du charbon russes d'ici à 2027, on est d'ailleurs déjà en bonne voie, mais également à réduire la consommation d'énergie, à

1. https://www.iea.org/reports/world-energy-outlook-2022?language=fr

diversifier l'approvisionnement en gaz et à miser sur les énergies renouvelables. Une sorte de *New Green Deal* à l'échelle de tout le continent. N'oublions pas que les émissions de CO_2 de toute l'UE dans le monde représentent 10 %. Une action commune a donc bien plus de poids. »

De l'électricité dans l'air

Ce 20 janvier 2023, ils sont tous là, réunis sous les ors de la République, dans le prestigieux Salon des aigles de l'hôtel de Roquelaure, boulevard Saint-Germain à Paris, où sont installés les ministères de la Transition énergétique et de la Transition écologique. Les principaux représentants de la filière nucléaire n'auraient manqué ce rendez-vous pour rien au monde.

Organisé par Agnès Pannier-Runacher, il a pour but de mettre les industriels en ordre de bataille pour affronter le gigantesque défi à venir, annoncé un an auparavant par Emmanuel Macron : construire six nouveaux réacteurs nucléaires dans les vingt prochaines années. Avec le lancement d'une première paire à Penly (Seine-Maritime) dès 2027. En parallèle, il s'agit également de réfléchir à la prolongation de la durée de vie d'un maximum de réacteurs du parc actuel : 50, 60, voire 80 ans ? Les études sont en cours, nous dit-on. « La marche est haute, c'est peu de le dire, confie l'un d'eux à la sortie de cette réunion. Les perspectives invitent à l'optimisme, c'est vrai, mais on part de très loin. »

L'effet Tagada

Il fut un temps où les politiques ne craignaient pas l'emphase quand il s'agissait de parler de l'atome dans leurs discours ! Prenez par exemple celui de Valéry Giscard d'Estaing, en meeting à Dax, dans les Landes, le 20 avril 1981. « La majorité du peuple français a choisi l'indépendance nucléaire parce que c'était un choix de courage, ose le président de la République, alors en pleine campagne pour sa réélection. Nous ne voulions pas être dépendants indéfiniment du bon vouloir ou des caprices de ceux qui nous décomptaient le pétrole et qui en fixaient le prix à leur guise. Alors si vous êtes pour la France asservie, si vous voulez que la vie économique et sociale de la France dépende des caprices des autres, alors vous pouvez dire non. Mais alors vous dites non tout seul. »

Le nucléaire s'impose comme symbole de la réussite industrielle française. Entre 1978, année de la mise en production de la toute première centrale (celle de Fessenheim et de ses 2 réacteurs, dans le Haut-Rhin) et 1983, soit cinq petites années, pas moins de 22 réacteurs nucléaires sont connectés au réseau. Rendez-vous compte : 22, en cinq ans ! « On parlait de l'effet "Tagada", du nom de cette friandise en forme de fraise, se souvient un haut fonctionnaire en poste à l'époque dans un service rattaché au ministère de la Recherche et de la Technologie. Il était alors dirigé par Jean-Pierre Chevènement, dans le premier gouvernement de Pierre Mauroy. "Tagada", pour Tricastin, Gravelines et Dampierre, trois centrales mises en service dans un mouchoir de poche, en quelques mois seulement, au cours de l'année 1980, après six ans de chantier. Quelle performance à l'époque[1] ! » Mais alors, quel ciel nous est tombé sur la tête entre ce discours conquérant, presque martial, d'un président de la République sortant, et le fiasco des vingt dernières années ?

Rien ne s'est passé comme prévu

Pour les Français en tout cas, la prise de conscience est brutale. La plupart vivaient jusque-là dans une chimère un peu cotonneuse, il faut dire largement entretenue par les gouvernements successifs depuis les années 1970, et encore utilisée aujourd'hui pour la relance d'un nucléaire futur : l'électricité produite par les réacteurs hexagonaux serait totalement sûre et bon marché. Suffisamment pour les protéger des turbulences

1. *Nucléaire, une catastrophe française*, par l'auteur, Fayard, 2019.

géopolitiques mondiales, comme un nouveau choc pétrolier, ou ici, plus concrètement, la guerre en Ukraine. Cette dernière pourrait même offrir l'occasion de montrer toute la pertinence des choix stratégiques français, fondés sur la souveraineté nationale (même si nous reviendrons sur les fragilités de cette souveraineté, pour l'approvisionnement en uranium par exemple), par opposition à d'autres, nos voisins allemands par exemple, pour ne pas les nommer, qui avaient tout misé, eux, sur le gaz russe. Comme nous le savons donc désormais, rien ne s'est passé comme prévu.

Au cours de l'année 2022, plus de la moitié (jusqu'à 32 en août 2022) des 56 réacteurs ont été à l'arrêt en même temps. De mémoire d'ingénieur nucléaire, ce n'était encore jamais arrivé. En 2005, année de son entrée en Bourse, EDF produisait 452 térawattheures (TWh) d'électricité d'origine nucléaire. Une production maintenue dans les années qui suivent, avant d'amorcer un déclin irrémédiable à partir de 2015. En 2022, elle atteint péniblement les 279 TWh. Soit 1 TWh en dessous de la fourchette basse (280 TWh) qu'EDF s'était fixée, et 22,7 % de moins que l'année précédente.

Un camouflet industriel pourtant prévisible, au moins en partie, puisque les centrales sont vieillissantes et donc forcément de plus en plus exposées à des problèmes techniques, y compris génériques, c'est-à-dire pouvant toucher tous les appareils construits sur une même série. Nous y reviendrons. Ces difficultés s'ajoutent en tout cas aux déboires essuyés, les dix dernières années, par la filière nucléaire française pour construire de nouvelles centrales de troisième génération (EPR).

Le big bazar électrique

La réponse réside peut-être dans ce clin d'œil à Agatha Christie, tenu par un « ancien de Bercy » et cité fin 2022 dans un article du *Monde* consacré justement à cette question des responsabilités : « EDF, c'est *Le Crime de l'Orient-Express*. Tout le monde est coupable », tranche-t-il. L'article interroge tour à tour le rôle joué dans ce drôle de roman policier par « les dirigeants d'EDF ou ceux d'Areva – le frère ennemi défaillant –, l'exécutif, les écologistes, ou Bruxelles et son libéralisme échevelé ».

Dans les années 1990, la France entre dans une torpeur concernant son énergie. Ça ronronne plutôt confortablement, alors pourquoi se stresser ? Le parc nucléaire surproduit de l'électricité, au-delà des besoins réels du pays, au point qu'il faut en exporter une partie vers nos voisins. Les politiques se disent qu'il est urgent d'attendre, et que les décisions pourront être prises plus tard.

Dans le même temps, le mouvement antinucléaire se fait toujours plus virulent. En 1997, un premier tournant est pris quand Lionel Jospin passe un accord avec les Verts pour qu'ils entrent dans sa « majorité plurielle ». Ce dernier prévoit notamment la fermeture de Superphénix [1], un prototype de nouveau réacteur de quatrième génération qui devait permettre de fermer le cycle du nucléaire en réutilisant le combustible usé. De quoi résoudre ainsi une bonne partie de la question de la ressource : l'uranium et ses déchets. Dominique Voynet, alors ministre de l'Environnement, obtient également l'interruption de futurs chantiers de nouveaux réacteurs nucléaires, notamment en Loire-Atlantique, prévus pour remplacer la centrale à charbon de Cordemais, dont la fermeture est programmée. (Pour l'anecdote, Cordemais a encore tourné à plein régime durant l'hiver 2022-2023 pour suppléer une partie des réacteurs nucléaires déficients).

Deux autres tournants importants surviennent encore. Le premier, c'est le Grenelle de l'environnement, organisé en 2007, juste après l'élection de Nicolas Sarkozy. Les ONG antinucléaires sont invitées autour de la table et l'idée que le renouvelable peut remplacer au moins en partie le nucléaire commence à infuser au sommet de l'État. D'ailleurs, à l'issue de ce Grenelle, la compétence de l'énergie au sein du gouvernement passe du ministère de l'Économie à celui de l'Environnement.

---

1. Voir p. 98.

En 2015, la loi entérine un autre accord passé lui aussi avec les Verts trois ans plus tôt (soit quelques mois après la catastrophe de Fukushima) par François Hollande, alors nouvellement élu président de la République : le pays s'engage à réduire la part du nucléaire dans la production d'électricité de 75 à 50 %. Ce qui implique, selon la Cour des comptes, la fermeture d'une vingtaine de réacteurs sur les cinquante-huit alors en fonctionnement. Le processus de fermeture de la plus ancienne centrale, celle de Fessenheim dans le Haut-Rhin, est enclenché. Le conseil d'administration d'EDF approuve début 2017 l'accord qui prévoit une indemnisation (un « montant compensatoire ») par l'État de 370,2 millions d'euros, auxquels devra s'ajouter une part variable. Il s'agit d'équilibrer le manque à gagner provoqué par la fermeture de la centrale, soit les bénéfices qu'auraient apportés les productions futures jusqu'en 2041. La facture totale pourrait s'élever à plusieurs milliards d'euros. Sans compter le dédommagement prévu des partenaires allemands et suisses qui avaient eux aussi investi dans la construction de la centrale[1].

---

1. Des dédommagements pour compenser notamment ce qu'on appelle des « droits de tirage », c'est-à-dire la possibilité pour l'investisseur d'une centrale de préempter une partie de la production d'électricité à un prix et pendant une durée fixés à l'avance. La part de la production

Arrivé à son tour au pouvoir, Emmanuel Macron, élu en 2017, va suivre les pas de son prédécesseur. Il nomme Nicolas Hulot à l'Écologie et confirme la fermeture des centrales, en précisant même le calendrier. Pourtant, un quinquennat plus tard, il opère un spectaculaire retournement qui prend toute sa concrétisation lors d'un déplacement à Belfort le 10 février 2022, avec un discours qui fait date : « Je veux exposer la situation en toute transparence, explique en préambule le président de la République. Imagine-t-on une France où il y aura d'ici trente ans 40 000 éoliennes, au lieu de 8 000 aujourd'hui ? » Le quasi-candidat à sa réélection plante le décor, pour mieux dérouler ensuite ce qui ressemble déjà furieusement à un discours de campagne : « Il nous faut reprendre le fil de la grande aventure du nucléaire civil en France », lance-t-il, ironisant sur ses adversaires qui « affirment que nous n'aurions pas besoin [du] nucléaire ». Il poursuit : « La décennie passée a été marquée par un doute international sur le nucléaire, une période de glaciation [à la suite] évidemment [du] terrible événement à Fukushima [...] Certaines nations ont fait des choix radicaux dans cette période [en tournant] le dos au nucléaire. La France n'a pas fait ce choix, elle a résisté mais elle n'a pas réinvesti parce que

---

d'électricité de Fessenheim à laquelle les Allemands avaient droit était de 17 %, et de 15 % pour les Suisses.

ce doute était là. » Le président conclut en évoquant une « rupture du temps passé » et des conditions désormais réunies pour la « renaissance nucléaire ». Une nouvelle ère peut commencer.

L'impact de la guerre

« Avec le recul, je suis convaincue que l'agression des Russes en Ukraine constitue le facteur principal de la crise énergétique survenue en 2022 », analyse Agnès Pannier-Runacher un an après le discours de Belfort, où elle était présente, aux côtés de Bruno Le Maire. Peut-être. Mais le baril – pas de pétrole mais de poudre – était bien en place. Ne manquait que l'étincelle pour allumer la mèche. « On peut redémêler le fil comme on veut, mais c'est un choc massif sur le système énergétique européen et mondial, argue la ministre. Certes, les prix avaient augmenté sous l'effet des restrictions des livraisons russes plusieurs mois auparavant. On sentait bien qu'il se préparait quelque chose. »

Pour le gaz, et même le pétrole, on peut lui donner raison. Pour l'électricité, c'est un peu plus compliqué que cela. Les tensions sur le réseau qu'a connues la France à l'hiver 2022-2023, et qui ont alors conduit le gouvernement à édifier un grand plan sobriété, mais également à préparer les esprits à de possibles coupures en cas de chute drastique des températures, ne doivent finalement pas grand-chose au conflit russo-ukrainien. Pire, sans lui, le risque de coupures aurait été encore plus élevé. Pourquoi cela ? Tout simplement parce que la guerre a fait flamber les prix sur les marchés de gros. Face à cette inflation historique, les entreprises n'ont eu d'autres choix que de diminuer ou reporter leur production. Certaines, il faut s'en souvenir, ont baissé le rideau, mis leurs salariés au chômage partiel, en attendant que la situation se calme. Autant de consommation en moins, parfois provenant d'acteurs habituellement très « énergivores ». Et de quoi réduire, donc, les risques d'un effondrement du réseau, ce que l'on appelle communément (mais les gestionnaires de réseau abhorrent ce terme) un « black-out ».

« Il y a deux choses dans cette crise, admet néanmoins la ministre. D'un côté, la question de notre production d'électricité en France, qui est indispensable au marché européen. On voit bien l'impact des 30 TWh manquants sur l'envolée des prix[1]. De l'autre, le problème de la corrosion

1. La ministre fait allusion à la loi classique de la demande et de l'offre : 30 TWh de moins sur le réseau, dus au manque de disponibilité du parc nucléaire (offre), c'est autant qu'il faut acheter sur les marchés de l'électricité (demande). Une demande supplémentaire fait ainsi monter le prix face à une offre restreinte.

sous contrainte[1] est venu s'ajouter aux conséquences de la crise du Covid, qui avait décalé nombre de maintenances, qui elle-même s'ajoutait au passage de la quatrième visite décennale de certains réacteurs[2]. Objectivement, on a quand même empilé les difficultés. »

La ministre rappelle l'état d'esprit dans lequel se trouvait le secteur de l'énergie à l'automne 2022 : « On nous disait que ça allait être impossible de passer l'hiver, qu'il fallait s'attendre à un choc majeur, car les stocks de gaz ne seraient pas remplis, l'électricité allait poser un sérieux problème, etc. Pourtant, l'obstacle a été franchi sans trop de casse. Parce qu'on a sourcé entre autres du gaz norvégien supplémentaire, mais aussi parce qu'on a mis au point un plan sobriété qui a été largement suivi. Sans ce dernier, on ne passait pas l'hiver. Résultat des courses, on a même démarré le printemps 2023 avec vingt points de plus de stocks de gaz qu'attendu. »

Il n'empêche. Au cours de l'hiver 2022-2023, la situation du réseau électrique a vraiment été compliquée. La France a même été, et de très loin, le pays le plus concerné par un risque de black-out électrique. L'Entso-E (European

1. Voir p. 70.

2. Les réacteurs sont soumis tous les dix ans à une grande visite d'inspection et de maintenance, ce qu'on appelle dans le jargon la « visite décennale ».

Network of Transmission System Operators for Electricity) ou, dans la langue de Molière, le Réseau européen des gestionnaires de réseaux de transport d'électricité[1], l'a d'ailleurs quantifié. Début décembre 2022, l'association anticipait en effet vingt heures de « pertes de charge » (le mot savant pour désigner une coupure) sur le réseau français durant l'hiver. Et encore, à la seule condition que les températures demeurent dans la moyenne des décennies passées. Dans le cas où elles chuteraient en dessous, cette durée pourrait s'allonger sensiblement. À titre de comparaison, l'Entso-E prévoyait, pour la même période, quinze heures de pertes de charge pour l'Irlande. L'idée que la situation énergétique de la France puisse pour la première fois être comparée à celle de l'Irlande, dont plusieurs des centrales à gaz sont tellement vétustes qu'il a fallu les arrêter en urgence, fait dans notre pays l'effet d'un électrochoc. D'autant que les autres pays de l'Union sont, eux, épargnés.

Si on exclut la situation outre-Manche, on se trouve donc bien face à une exception électrique française. Et de loin, puisqu'elle concentre alors la somme de tous les problèmes observés ailleurs :

1. Il regroupe 42 gestionnaires de réseaux issus de 35 pays sur le continent européen (plus la Turquie), dont évidemment RTE et Enedis.

vétusté et maintenance de son parc nucléaire et faiblesse de son renouvelable. Mais nous y reviendrons.

Pas question néanmoins de se méprendre : oui, la crise de l'énergie a bien eu un retentissement mondial, et en particulier européen. Mais dans ce maelström généralisé, la France s'est distinguée par des difficultés supplémentaires, qui lui étaient propres et qu'elle avait pourtant les moyens d'anticiper. L'épidémie de Covid a retardé de plusieurs mois les visites décennales d'un certain nombre de réacteurs nucléaires. Or ces visites, qui font partie du protocole de sécurité, requièrent un arrêt momentané de la production. Et comme « les emmerdes, ça vole toujours en escadrille », pour reprendre une expression chère à l'ancien président de la République Jacques Chirac, d'autres « emmerdes » vont venir se greffer.

Le cas français

Après une première alerte « générique » concernant les générateurs de vapeur du parc nucléaire français en 2017, puis une deuxième sur ceux installés à la centrale de Taishan en Chine, voilà qu'un nouveau problème, qui pourrait potentiellement toucher plusieurs réacteurs d'une même série, fait son apparition. Au début du mois d'octobre 2021, lors d'une classique visite décennale sur le réacteur de Civaux-1 (Vienne), l'un des tout derniers du parc à avoir été mis en service (1997), un contrôle par ultrasons détecte des traces de corrosion sur le coude d'un circuit d'injection de sécurité, lui-même relié au circuit primaire (hautement radioactif) du réacteur. L'endroit est donc tout sauf anodin. En cas de fuite, le circuit permet d'injecter de l'eau borée[1] pour refroidir le cœur, d'une puissance de 1 495 MW. Ce qui en fait, avec trois autres réacteurs, le plus puissant actuellement en fonctionnement.

En décembre, ça s'agite au sein des équipes chargées de la maintenance et des contrôles d'EDF. La découpe et l'examen des tuyaux révèlent des résultats inattendus. Rapidement, les ingénieurs chargés des contrôles identifient qu'il ne s'agit pas d'une corrosion classique liée aux écarts thermiques, susceptible de fatiguer prématurément les matériaux. L'incident dans ce cas serait jugé sérieux mais pas catastrophique. Il est en effet relativement aisé d'anticiper la progression d'un tel phénomène. Ici, les analyses démontrent au contraire l'existence de traces de corrosion sous contrainte, ou CSC. Elles résultent de l'action conjuguée de la

1. Le bore est un élément chimique utilisé pour ralentir la réaction nucléaire. Mélangé à l'eau du circuit primaire, il permet ainsi d'éviter l'emballement du réacteur.

température, de contraintes mécaniques et d'un milieu très agressif, en l'occurrence l'eau chargée de ce même bore, mais également d'autres additifs chimiques divers. Ce type de corrosion s'avère extrêmement pervers, car il peut demeurer stable longtemps, puis se répandre soudainement. Ce n'est pourtant pas ce qui inquiète le plus les équipes. Celles-ci sont rapidement convaincues que cette corrosion est sans doute « générique », comme les anomalies (défauts de soudure) survenues sur certains générateurs de vapeur en 2017. Elle concerne donc potentiellement l'ensemble du parc nucléaire. Et là, le problème peut prendre une tout autre ampleur…

Une épée de Damoclès

La taille du parc, avec ses 61,3 GW de capacité, et la forte concentration de ses réacteurs par site (56 tranches, l'autre nom donné aux réacteurs, réunies dans 18 centrales) complexifient forcément la maintenance industrielle de l'ensemble. Nous l'avons vu, ce parc a été construit en majorité dans les années 1970 et 1980, sur un même modèle : le réacteur à eau pressurisée, ou REP, mis au point par l'américain Westinghouse et vendu à la France à la fin des années 1960. « Pas un boulon n'était différent», aimait à rappeler Pierre Gadonneix, l'ancien P-DG d'EDF.

Rendons néanmoins à César ce qui est à César : à l'époque, ce choix stratégique semble tout à fait cohérent. Il s'agit de mutualiser à la fois les connaissances, la maîtrise technologique et les coûts, et de générer ainsi au maximum des économies d'échelle au travers d'un programme de construction standardisé, donc moins coûteux. Cela recèle néanmoins un inconvénient majeur, difficile à anticiper dans les années 1970 : si un problème survient dans l'un des réacteurs, il peut potentiellement concerner l'ensemble de la « fratrie ». Ce sont les fameux « problèmes génériques » que rencontre aussi régulièrement l'industrie automobile, pour un défaut de conception des airbags par exemple, qui l'oblige à battre d'imposantes (et coûteuses) campagnes de rappel. Mais à la différence d'une voiture qu'on rapporte simplement au garage pour changer la pièce défectueuse, l'industrie nucléaire doit procéder à des interventions bien plus longues, qui nécessitent un arrêt prolongé des réacteurs concernés. D'où le risque pour le réseau d'un défaut d'approvisionnement, voire d'un black-out. Ces problèmes génériques sont comme une épée de Damoclès brandie au-dessus des têtes des responsables du secteur.

« Une campagne d'arrêt de tranche, c'est un peu comme un château de cartes », nous avait expliqué un ingénieur de la centrale de Tricastin pendant le premier confinement de la crise du Covid. C'était au mois de juin 2020 et EDF faisait alors face à des retards de maintenance dus à la pandémie. « Au moindre retard, c'est comme si le château s'effondrait[1]. » En cause : la mutualisation, certes nécessaire, des équipements ainsi que des ressources humaines, qui complique l'exercice. Au moment où une partie de l'économie du pays se trouvait à l'arrêt forcé, l'électricien n'était par exemple en possession que de six appareils d'inspection de cuves de réacteur pour l'ensemble du parc. À cela rien d'étonnant : en temps normal, les inspections sont réalisées au fil de l'eau. Nul besoin dans ce cas de multiplier les achats de machines, au demeurant extrêmement coûteuses. Mais cette gestion au plus serré peut devenir extrêmement problématique en cas de crise. Idem pour les effectifs. Dans toutes les centrales, des équipes dites « d'arrêt » sont allouées à chaque réacteur. Il existe également un *pool* commun. Mais si l'arrêt de l'une des tranches d'une centrale se prolonge, les autres

1. Entretien le 23 juin 2020 avec un employé de la centrale de Tricastin, en prévision d'un article traitant de l'impact de la pandémie du Covid sur le bon fonctionnement des centrales nucléaires.

équipes ne sont plus en mesure de préparer comme il faut l'arrêt de la tranche suivante. Pour filer la métaphore empruntée juste au-dessus par cet ingénieur de Tricastin, c'est alors l'effet domino, et les cartes du château risquent de s'écrouler. « Au lieu d'avoir une durée tranquillement programmée à l'avance pour faire les plans, passer les contrats, commander les pièces, répéter les interventions jusqu'à ce que chaque geste soit parfait, réglé au millimètre près, il va falloir alors tout compresser parce qu'on se retrouvera avec deux fois moins de temps à disposition, expliquait encore ce même ingénieur. Du coup, on se trouve dès le départ avec un arrêt préparé dans la précipitation, ce qui n'est jamais bon. Et avec le stress de ne pas être en mesure de tenir le planning. »

D'autant que le cycle d'utilisation du combustible dans les réacteurs français est bien plus court (entre 12 et 18 mois, selon les familles de réacteurs) que dans la plupart des autres pays dotés de centrales nucléaires. Il est, par exemple, de 18 à 24 mois aux États-Unis. Ce qui pèse également lourdement sur la productivité du parc et complique la gestion des arrêts. Sans parler des coûts : « 64,80 euros par MWh » non produit de façon imprévue, selon les calculs de la Cour des comptes ; auxquels il convient d'ajouter en 2022 « au moins 39 euros par MWh » supplémentaires pour les travaux liés à la prolongation de la durée de vie des réacteurs. Avec de tels chiffres, le nucléaire n'est désormais même plus compétitif par rapport au renouvelable.

Le poids (indispensable) de la réglementation

Un autre facteur pèse sur le taux de disponibilité du parc nucléaire français : la réglementation. Au sein d'EDF, on considère même qu'il s'agit du plus important de tous. Plutôt pratique pour se défausser d'une partie de la responsabilité. « Trop de réglementation tue la réglementation », s'était même plaint un représentant d'EDF pendant une visite du chantier de Flamanville. Traduisez : si on ne produit pas assez, ce n'est pas notre faute, mais celle des autorités qui nous mettent en permanence des bâtons dans les roues. Voilà pour le discours sous-jacent.

Il est vrai qu'en France notamment, l'Autorité de sûreté nucléaire (ASN) impose une amélioration continue : à 40 ans, une centrale française doit être plus sûre qu'à 30, et à 50 ans plus sûre qu'à 40, etc. C'était d'ailleurs l'un des grands arguments des détracteurs de la fermeture de Fessenheim : son niveau de sûreté avait été amélioré au fil de l'eau, bénéficiant ainsi en permanence des avancées technologiques en la matière[1]. À titre de comparaison, aux États-Unis, la philosophie est très différente : l'objectif consiste à maintenir le niveau de sûreté exigé lors du démarrage de la centrale, sans réellement tenir compte du vieillissement des sites. Deux continents, deux approches.

Il faut reconnaître que cette doctrine à la française, conjuguée au vieillissement des réacteurs (l'âge moyen du parc français a dépassé les 37 ans en 2022), s'est traduite au fil des années par une augmentation considérable de la charge de travail du personnel. Ainsi, entre 2005 et 2020, la durée moyenne d'un arrêt pour rechargement de combustible est passée de 37 à 40 jours. Dans le même temps, la visite partielle avec maintenance s'allongeait de 55 à 85 jours, et la visite décennale de 100 à 180 jours.

« En 2019, EDF a eu en moyenne 44 % de jours d'arrêt complet en plus qu'initialement planifié au premier jour de l'arrêt », pouvait-on lire dans l'édition 2020 du *World Nuclear Industry Status Report*. On imagine qu'EDF a adapté les effectifs en fonction ? Pensez-vous, c'est exactement l'inverse qui s'est produit. Recrutement et formation ont été revus à la baisse. « Trop

1. Attention, tout n'est néanmoins pas remplaçable dans un réacteur, notamment la cuve, qui subit les assauts du temps, accélérés par un bombardement incessant de neutrons sur ses parois.

coûteux », justifie la direction du groupe. Résultat, la tendance ne va pas en s'améliorant. Dans ce même rapport, une partie est entièrement consacrée à la France. L'un des chapitres s'intitule : « Après la pire performance depuis des décennies, le pire reste à venir ». Le résultat donne raison aux auteurs. En 2005, année du pic de production du parc nucléaire, la part d'électricité fournie par les 58 réacteurs culminait à 78 % (complétée par 12 % d'origine thermique classique, pétrole, gaz ou charbon, et 10 % d'origine hydraulique et éolienne[1]). En 2021, elle est passée sous les 70 % et ne devrait désormais plus franchir ce seuil. Nous l'avons vu, l'année suivante, la production annuelle est ainsi descendue à 279 TWh, un volume bas jamais atteint depuis le début des années 1990 (avec moins de réacteurs).

L'impact de la modulation

Un autre aspect, plus technique celui-là, joue sur la disponibilité du parc : la « modulation de charge ». Derrière ce terme un peu barbare se cache en fait une notion assez simple, la possibilité de moduler la production, et donc la puissance des réacteurs nucléaires, en fonction des besoins. Plutôt logique, non ? Sauf que les réacteurs ne sont pas vraiment faits pour cela. Ou du moins

1. Bilan énergétique de l'année 2005 en France.

faut-il user du principe avec parcimonie. En caricaturant (un peu), c'est comme si vous conduisiez votre automobile en appuyant en permanence tour à tour sur l'accélérateur puis sur le frein. Outre que tous vos passagers se retrouveraient nauséeux en un rien de temps, la mécanique n'apprécierait pas.

Pourtant, la taille du parc nucléaire et son poids dans la production d'électricité en France (70,6 % en 2019) imposent un suivi de charge, c'est-à-dire une modulation très précise de l'activité, en fonction de la demande. Historiquement, cette pratique a été mise en place en deux temps. Tout d'abord, au début des années 2000, après la mise en route des derniers réacteurs, les plus puissants mais pas forcément les plus utiles, puisqu'ils ont conduit à un surdimensionnement du parc. Ensuite, une quinzaine d'années plus tard, au milieu des années 2010 donc, avec l'intégration grandissante des énergies renouvelables, notamment éolienne et solaire, dans le mix énergétique. Leur intermittence (en fonction du vent pour la première, de l'ensoleillement pour la seconde) a fait qu'en plus de représenter une énergie dite « de base », un socle, le nucléaire a dû jouer encore plus le rôle de variable d'ajustement. « Il a fallu prendre en compte cette nouvelle intermittence, liée au renouvelable, dans l'équilibre entre l'offre et la demande, ainsi que son impact sur les prix, explique un ancien cadre d'EDF[1]. Ainsi, pendant les confinements successifs par exemple, c'est le parc nucléaire qui a absorbé la plus grande partie de la demande d'électricité, en jouant un rôle tampon. »

Le problème est que les réacteurs n'ont pas du tout été conçus et construits pour cela. « Dans les années 1970, la seule vraie complémentarité au nucléaire, c'était l'hydraulique, reprend ce même spécialiste. Or c'est une source d'énergie très pilotable. En gros, on appuie sur un bouton, ça ouvre les turbines et en quelques dizaines de secondes au maximum, vous produisez de l'électricité. À l'époque, c'était donc surtout les barrages qui permettaient l'équilibre. Puis, face aux changements dans la consommation comme dans la production, ça s'est inversé. »

Il est possible que ce rôle de modulateur, désormais imparti aux réacteurs nucléaires, puisse avoir fragilisé les équipements, et donc leur disponibilité. En comparaison, le nucléaire américain – les États-Unis étant pourtant le pays le plus nucléarisé au monde en volume (en nombre de réacteurs et en production ; la France, elle, est championne au regard du nombre d'habitants) – représente 20 % de la production d'électricité du pays. Un poids donc relativement limité, qui lui permet de fonctionner constamment à plein régime, sans avoir à

1. Entretien le 9 septembre 2022.

s'adapter aux fluctuations de la demande. De quoi préserver le matériel.

Une course contre la montre

Le décor est planté, revenons donc sur les problèmes de corrosion sous contrainte détectés dans certains réacteurs fin 2021. L'ASN est mise dans la boucle dès le départ. Rapidement, les équipes déterminent l'ampleur des dégâts. En laboratoire, elles observent la présence de fissures sur toute la circonférence des tuyaux, essentiellement concentrées aux abords des coudes, à proximité des soudures. En leur point le plus profond, elles peuvent atteindre jusqu'à 5,6 millimètres, sur un coude de 30 millimètres d'épaisseur. Soit une entame d'un bon sixième de la paroi. Des investigations sont menées pour savoir si d'autres réacteurs sont touchés, notamment les trois de même génération et de même puissance (palier N4) : le second réacteur de Civaux, ainsi que les deux de Chooz (Ardennes). Et malheureusement, on trouve également de la CSC dans leurs tuyauteries.

Pendant des semaines, EDF réexamine tous les résultats des contrôles et tests réalisés antérieurement. L'objectif est de définir les réacteurs à réparer en priorité. Au mois de février 2022, le groupe annonce un revirement de stratégie. C'est finalement tout le parc qui sera inspecté sur place, afin, explique sa direction, « de vérifier l'ampleur exacte du phénomène ». Une déclaration loin d'être anodine. Les interventions nécessaires – analyses sur le terrain, découpage de certaines pièces, nouvelles analyses en laboratoire et éventuellement fabrication de nouvelles pièces puis réparation – vont toucher durement le taux de disponibilité des réacteurs. Et donc la production d'électricité.

À la fin de ce même mois, c'est au tour du réacteur numéro 3 de la centrale de Chinon (Indre-et-Loire) d'être mis à l'arrêt. Bientôt suivi par le réacteur 3 de Cattenom (Moselle) le 26 mars. Puis du 4 à Bugey (Ain) le 9 avril. Les investigations se poursuivent pendant de longs mois, réacteur après réacteur. Afin d'optimiser les recherches et les éventuels travaux qui en découleraient, certaines tranches servent de référence en fonction de leur catégorie et de leur puissance : Civaux-1 pour les 1 450 MW ; Penly-1 et Golfech-1 pour les 1 300 MW ; Chinon-3 et Fessenheim-2 pour les 900 MW. En espérant que certaines de ces « familles » pourront être dédouanées. La production se trouve néanmoins déjà lourdement touchée. D'autant que ce nouveau chantier s'ajoute à celui des maintenances classiques, dont le planning a déjà été bouleversé par la pandémie de Covid.

En temps normal, ces difficultés auraient été jugées sérieuses mais surmontables (pour peu qu'elles ne touchent pas un nombre plus grand de réacteurs). Sauf qu'elles surviennent dans un contexte où le parc de production d'électricité (au-delà du nucléaire) a déjà fait l'objet d'une réduction drastique de ses capacités. Depuis le début des années 2000, 20 centrales à charbon ont été fermées, ainsi que 9 centrales au fioul. Sans compter évidemment une centrale nucléaire : Fessenheim, et ses 2 réacteurs. Dans le même temps, des éoliennes et des panneaux solaires ont couvert le territoire. Mais pas en assez grand nombre. Et ces énergies renouvelables ont le défaut de ne pas être disponibles les soirs d'hiver où il fait très froid, au moment de la fameuse pointe où le courant risque de manquer.

Or nous sommes, bien plus que nos voisins, un pays thermosensible. La moindre baisse de température a immédiatement un fort impact sur la consommation d'électricité. Pourquoi ? Parce que disposer pendant des décennies de gigawatts d'électricité peu chers à produire (si on exclut certains coûts) obtenus grâce à un parc nucléaire surdimensionné ne nous a incités ni à la sobriété ni à l'efficacité. Résultat : encore près d'un quart de nos logements sont équipés de simples convecteurs : des radiateurs électriques de piètre qualité. Une proportion bien supérieure aux pays voisins. D'autant que ces vulgaires « grille-pain » se trouvent le plus souvent installés dans des logements mal isolés (nous y reviendrons). Par conséquent, par les nuits glaciales d'hiver, chaque diminution supplémentaire de 1 °C de la température extérieure amène à allumer 2 400 MW supplémentaires, soit l'équivalent en puissance installée de deux tranches nucléaires pour fournir la quantité d'électricité nécessaire au maintien de la température dans les logements.

La fin d'une époque

Avec cet épisode des tuyaux fissurés dans les réacteurs, la France s'est trouvée à deux doigts d'une catastrophe de grande ampleur, non pas nucléaire évidemment, mais en termes d'approvisionnement. L'obligation d'ordonner un arrêt massif des réacteurs aurait en effet plongé le pays dans une crise énergétique encore plus importante que celle provoquée par la guerre en Ukraine. Pour faire un parallèle, la France aurait pu manquer d'autant d'électricité que le Japon après Fukushima. Le parallèle s'arrête là, bien sûr. Le pire a été évité. Grâce évidemment à la mobilisation de l'ASN et surtout des équipes d'EDF, mais également à une constatation technique qui sauve la mise, au moins momentanément : la corrosion se forme en priorité sur les réacteurs les plus puissants : les 1 450 MW. Plus la puissance diminue, moins les fissures sont spectaculaires. Sur Penly-1 par exemple, 1 300 MW au compteur, elles n'apparaissent ainsi qu'en trois points, avec une profondeur maximum de 2,18 millimètres. Sur les paliers inférieurs, et notamment ceux de la toute première génération, à 900 MW, elles deviennent quasi inexistantes. Cela tombe bien, ce sont (de loin) les plus nombreux : 32 réacteurs, sur un total de 56.

La raison ? Contrairement à ces réacteurs les plus anciens[1], les vingt-quatre plus récents[2] sont constitués d'une tuyauterie produite non pas à partir des plans initiaux (ceux achetés à l'américain Westinghouse dans les années 1970), mais avec un design « francisé » pour reprendre l'expression du patron de l'ASN, Bernard Doroszczuk. Le but premier de ces modifications était bien de booster leur puissance, un peu comme une voiture passée entre les mains d'un amateur de *tuning* et dont on aurait trafiqué le moteur et le système d'échappement.

Résultat de cet épisode, nous l'avons dit : à la fin de l'année 2022, la production d'électricité nucléaire est tombée en France à son plus bas niveau depuis 1992, période où l'on construisait encore des réacteurs à tour de bras. Elle aura

---

1. 4 réacteurs du palier « Contrat programme zéro », ou CP0, 18 du palier CP1 et 10 du palier CP2.

2. 20 réacteurs de 1 300 MW, dont 8 pour le palier P4 et 12 pour le P'4, ainsi que 4 réacteurs de 1 450 MW constituant le palier N4.

même été encore inférieure à celle de 2020 (335,5 TWh), pourtant caractérisée par une demande d'électricité en berne, pandémie de Covid oblige, ainsi que de nombreux retards de chantiers. De quoi amputer l'excédent brut d'exploitation d'EDF de 11 milliards d'euros. Qu'il est loin, l'âge d'or de la production nucléaire française, autour des quinze premières années du nouveau millénaire, où elle dépassait allègrement les 400 TWh (à l'exception de 2009, où une grève avait considérablement touché le fonctionnement des centrales) ! Un niveau qui ne sera sans doute jamais plus franchi et qui signe donc, quelles que soient les décisions à venir, la fin d'une époque.

En 2023, 44 arrêts au total étaient programmés, dont six visites décennales. Déjà visible il y a plus de vingt ans, la différence de productivité entre le parc français et l'américain s'est encore largement accentuée. En 2021, le premier a produit à 67 % de sa capacité contre 88,7 % pour le second, selon les statistiques de l'AIE, soit un écart de plus de 21 points.

La peur du noir

Elles auront fait parler d'elles, ces coupures, au cours de l'hiver 2022-2023. Il faut dire que jamais encore en France, il n'avait été envisagé d'interrompre de façon préméditée et coordonnée la fourniture d'électricité à des quartiers, des communes, voire des pans entiers de départements. Certes, les Français subissent déjà en moyenne une heure de coupure par an et par habitant, selon les statistiques de RTE et d'Enedis, les deux gestionnaires de réseau. Mais elles sont consécutives à des incidents mineurs : ici un poteau arraché par un agriculteur ; là une neige trop collante qui a mis une ligne à terre. La FIRE (Force d'intervention rapide électricité), composée de 2 500 techniciens mobilisables au moindre coup de vent et aux quatre coins du pays, veille.

Sauf que cet hiver-là, la situation est très différente. Pour la toute première fois, l'électricité pourrait manquer sur le réseau du fait d'une production insuffisante. Dans une France du XXIe siècle, encore sixième puissance mondiale, l'annonce marque les esprits. Alors, pour éviter un effondrement généralisé, le fameux black-out, les autorités ont pris la décision de mettre en place un « plan délestage » ciblé et tournant, mais obéissant à des conditions strictes. « Attention, on ne l'a pas créé *ex nihilo* pour combattre les difficultés d'approvisionnement de ces derniers temps, rappelle Xavier Piechaczyk de RTE. Il existe une norme européenne qui prévoit que 45 % de la consommation de chaque pays doit être délestable, afin de préserver la sécurité de l'ensemble du réseau européen. »

Comment cela s'organise-t-il ? Une visite en novembre 2022 dans l'une des Agences de conduite régionale (ACR) d'Enedis, en l'occurrence celle de la région Centre-Val de Loire, a permis de se faire une idée. À l'approche de chaque hiver, les vingt-huit ACR du pays multiplient les exercices et tests les plus divers, à l'échelle locale comme nationale, pour se tenir fin prêtes quand la bise sera venue.

Pour comprendre la répartition des rôles, rappelons que les ACR sont des « tours de contrôle de l'électricité » au même titre que celles qui opèrent aux abords des aéroports pour le trafic aérien, ou dans les centres d'aiguillage pour le réseau ferré. Les ACR d'Enedis ont la responsabilité des 1,4 million de kilomètres (35 fois le tour de la Terre) de lignes à moyenne et basse tension qui parcourent le pays. Traversées d'un courant de respectivement 20 000 et 230 volts, elles jouent le rôle de « départementales du réseau ». Elles « distribuent » l'électricité aux particuliers, collectivités et petites entreprises. De son côté, RTE gère les 105 000 kilomètres de lignes à très haute tension : 220 000 et même 400 000 volts. Elles « transportent » l'électricité sur les « autoroutes » de ce même réseau.

« Lors des pics de consommation, qui surviennent l'hiver entre 8 heures et 13 heures, puis entre 18 heures et 20 heures, si jamais la production électrique des 18 centrales nucléaires, mais également des 400 barrages hydrauliques ou encore des parcs renouvelables, éoliens ou photovoltaïques, est insuffisante, des mesures sont prévues pour éviter une catastrophe électrique, explique lors de cette visite Sébastien Sarrazin, le directeur du site situé dans la banlicue d'Orléans[1]. Les lieux prioritaires, comme les établissements de santé, hôpitaux, laboratoires, réseaux télécoms ou de transports, mais également les sites militaires ou les prisons, dont la liste est établie par les préfets, ne sont pas concernés. » Mais avant cet ultime recours, d'autres leviers auront été préalablement enclenchés.

« Le délestage n'est effectivement pas inéluctable, ajoute Olivier Loriot, le directeur régional d'Enedis du Centre-Val de Loire. En amont, le gouvernement a mis en place un grand plan de sobriété, et rappelé les gestes qui permettent d'économiser l'énergie. Si cela ne suffit pas, un second levier peut être actionné, en différant certaines consommations. Cela passe par des incitations financières, via des contrats avec certaines entreprises énergivores, qui acceptent de produire à un autre moment. » Et s'il faut encore aller plus loin, RTE et Enedis peuvent baisser la tension de 5 % sur le réseau. De quoi économiser encore 4 % de consommation sans impacts sensibles (à part un éclairage plus faible ou un temps de charge des téléphones un peu plus long).

1. Pour des raisons de sécurité et de sûreté, les localisations exactes des ACR sont tenues secrètes.

Le délestage n'est donc que l'option ultime. « Dans ce cas, RTE nous envoie une première alerte trois jours à l'avance, reprend Sébastien Sarrazin. Il nous indique, par blocs de 100 MW de puissance, la consommation que nous devrons économiser en coupant, afin de préserver tout le réseau. Nous faisons alors tourner les données dans un ordinateur, et un algorithme identifie les zones les plus efficaces à délester pour réduire la consommation. Nous avons en tout une heure pour présenter notre plan d'attaque. »

Le lendemain, l'Agence reçoit une confirmation. L'information est ensuite rendue publique, via notamment les médias ou l'application Ecowatt, proposée par RTE. Dès 19 h 30, les millions de ménages qui ont désormais téléchargé l'application sont en mesure de voir si leur département est concerné. Deux heures plus tard, à partir de 21 h 30, ils peuvent inscrire leur adresse pour savoir si leur logement est visé par un délestage qui se produira le lendemain, pendant l'un des deux pics de la journée (celui du matin ou celui de la fin de l'après-midi). De quoi permettre aux particuliers et aux entreprises de prendre leurs dispositions.

De mémoire d'ingénieur ou de cadre de RTE ou d'Enedis, aucun délestage tournant n'a été activé depuis au moins une quarantaine d'années. La mesure a encore pu être évitée au cours de l'hiver 2022-2023, grâce à la mobilisation des

Français et à un hiver doux. Mais quid des hivers prochains ? Les Français pourraient avoir du mal à comprendre comment des coupures peuvent survenir par manque d'électricité dans le pays le plus nucléarisé au monde[1].

La réforme des marchés

Un autre chantier, technique celui-là, est également en cours : celui de la réforme des marchés de l'électricité (*market design*, dit-on à Bruxelles) européens. Pourquoi la nécessité d'une réforme ? « À l'époque, l'ouverture des marchés de l'énergie au niveau européen reposait sur l'idée que les acteurs qui avaient des positions dominantes empêchaient la concurrence, ce qui réduisait *de facto* les choix pour les consommateurs, analyse Agnès Pannier-Runacher. L'idée était donc de faire éclore de nouveaux concurrents qui produiraient de l'énergie et en feraient bénéficier les consommateurs au meilleur prix. » Et la ministre de reconnaître que tout n'a pas fonctionné comme prévu : « Il y a effectivement eu de la concurrence. Mais une promesse n'a malheureusement pas été tenue, c'est l'augmentation des capacités de production. En fait, le paradoxe de cette réforme, c'est d'avoir réduit la profondeur des marchés, ou plutôt le rapport au temps des marchés. Les

1. Ramené au nombre d'habitants.

acteurs se sont retrouvés à se faire concurrence sur des temps très courts et donc l'incitation à investir et à prendre des risques à long terme sur des nouvelles capacités a diminué. »

La ministre tente néanmoins de minimiser l'impact de l'ouverture des marchés dans ce constat. « C'est surtout le fait d'être passé dans une logique très court-termiste, avec dans certains cas l'interdiction d'établir des contrats à long terme, estime-t-elle. Ça a été le ver dans le fruit. On observe même un paradoxe où l'un des seuls marchés à avoir fonctionné, c'est celui du renouvelable, avec un État qui garantissait des contrats à long terme. Ce sont ces derniers qui ont financé à plus de 30 milliards d'euros le bouclier énergétique ! »

Avec le risque, admet la ministre, de voir se multiplier des *pure players* comme on les appelle, c'est-à-dire des fournisseurs qui ne produisent (et donc n'investissent) pas mais se contentent d'acheter de l'énergie sur les marchés pour les revendre aux particuliers ou aux entreprises en se faisant une marge. « Des passe-plats, conclut-elle, avec aucune capacité à produire et donc à ajuster, et qui disparaissent en faisant faillite à la moindre difficulté, souvent en laissant les gens se débrouiller. »

II.
Droit dans le mur

Les fauteurs de troubles

Quand il s'agit d'identifier les responsabilités de cette « catastrophe française[1] », la filière n'hésite pas à pratiquer allègrement la stratégie de la patate chaude, renvoyant à qui mieux mieux la faute aux politiques, eux-mêmes se défaussant sur les différentes directions qui se sont succédé à la tête d'EDF, celles-ci s'en prenant à leur tour aux sous-traitants. Une joyeuse litanie de « c'est pas moi, c'est lui » digne d'une cour d'école, et qui sans doute prêterait à sourire s'il n'était pas question de la conduite de 56 réacteurs, de leur démantèlement à venir tôt ou tard, de l'entreposage (temporaire) ou du stockage (définitif) de milliers de tonnes de combustible usé (un réacteur en produit une trentaine de tonnes par an), etc. De quoi créer un environnement un peu bancal, où se succèdent parfois des injonctions contradictoires. Tout le contraire de ce dont a besoin une technologie aussi sensible que la fission des atomes pour produire de l'énergie.

---

1. *Nucléaire, une catastrophe française*, *op. cit.*

Un calcul de coin de table

La première des fautes est d'avoir mélangé les ambitions politiques avec les besoins énergétiques réels. Une faute que l'on peut qualifier d'originelle puisqu'elle date du lancement du « plan Messmer », du nom du Premier ministre de Georges Pompidou en 1974. Marcel Boiteux, directeur général d'EDF (entre 1967 et 1979), avant d'en devenir son plénipotentiaire P-DG de 1979 à 1987, raconte en détail dans son ouvrage *Haute tension*[1] comment, à la suite du premier choc pétrolier, la France décide de s'atteler à ce qui deviendra rapidement le plus grand chantier industriel de son histoire : la construction d'un parc nucléaire d'une ampleur inégalée.

En octobre 1973, la guerre du Kippour éclate. L'Organisation des pays producteurs de pétrole (l'Opep, créée treize ans plus tôt) décide de réduire sa production et d'augmenter le prix du baril de pétrole, qui quadruple en quelques mois. Il faut aller vite. Deux mois plus tard, un samedi matin de décembre, Marcel Boiteux reçoit dès potron-minet un coup de téléphone de Jean Couture, délégué général à l'Énergie du gouvernement. Le directeur d'EDF raconte l'échange : « Dites-moi quel est le nombre de tranches nucléaires qu'EDF et ses fournisseurs seraient

1. Odile Jacob, 1993.

capables d'engager chaque année, si un programme ambitieux était décidé par le gouvernement ? J'ai besoin d'une réponse avant midi. » Branle-bas de combat, Boiteux réunit son premier cercle en urgence, ainsi que des membres de la direction de Framatome, le concepteur des réacteurs. En petit comité, il est décidé de donner une fourchette haute, dans l'espoir de recueillir un objectif intermédiaire. Couture rappelle sur le coup de midi. À l'autre bout du fil, on lui assure pouvoir fournir « six à sept réacteurs par an ». Le délégué à l'Énergie raccroche, puis recontacte Boiteux le mardi suivant : « Attendez-vous à ce que le programme gouvernemental soit de cet ordre-là, entre six et sept tranches, lâche-t-il. Informez le conseil d'administration d'EDF, commencez à vous organiser discrètement. »

À la direction d'EDF, c'est la panique, personne ne s'attendait à ce que le gouvernement valide un tel chiffre. Sortir *ex nihilo* autant de réacteurs de terre à un tel rythme, c'est comme construire en vingt ans la pyramide de Kheops à l'époque de l'Égypte antique. Ambition ou folie ? Un peu des deux assurément. Mais l'anecdote, aussi savoureuse soit-elle, dénote une certaine « liberté » politique et industrielle propre à l'époque : aucune étude de faisabilité, encore moins de projection sérieuse sur les besoins à venir ou l'évolution de la consommation. On lance le projet après un petit calcul de coin de table, et pour le reste on verra bien. Le plan Messmer est ainsi officiellement engagé trois mois plus tard, le 5 mars 1974.

Et nonobstant les difficultés inhérentes à tout chantier industriel, *a fortiori* lorsqu'il atteint une telle ampleur, également jalonné de plusieurs épisodes de forte contestation (plasticage du site de Fessenheim en 1975, tentatives d'attentat sur des sites d'EDF et de Cogema ainsi qu'une violente explosion au domicile parisien de Marcel Boiteux au mois de juillet 1977, « Des pierres contre des fusils » à Plogoff en Bretagne, et bien d'autres épisodes), le plan Messmer suit son cours et atteint contre toute attente ses objectifs. On ne peut que louer les ambitions et le savoir-faire de l'époque en la matière. Les premiers obstacles sérieux n'interviennent que vingt-cinq ans plus tard, en 1998. Et ils sont avant tout politiques.

Les girouettes ne dirigent pas le vent

Le 19 juin 1998, Lionel Jospin vient de remporter les législatives et Jacques Chirac, alors président de la République, n'a eu d'autre choix que de le nommer au poste de Premier ministre, signant ainsi une cohabitation qui s'avérera épique. L'un des premiers gestes du nouveau chef du gouvernement est d'honorer la promesse faite aux Verts pour les rallier à sa « majorité plurielle » : Superphénix, le surgénérateur de Creys-

Malville (Isère), prototype de réacteur de quatrième génération dit « à neutrons rapides » (1 240 MW de puissance), est abandonné, douze ans seulement après le début de son exploitation en 1986. Il faut dire que sa construction a été chaotique : de nombreuses manifestations ont eu lieu contre le projet, dont celles de 1976 et 1977, et se sont soldées par un mort du côté des manifestants. En 1982, la centrale encore en construction est même visée par une roquette. Son exploitation a été tout aussi chaotique, accumulant problèmes, incidents et arrêts en cascade. « En 1998, la machine commençait pourtant à trouver ses marques et à donner satisfaction, regrette un ancien ingénieur qui a travaillé sur le projet. On a fait de ce prototype un fiasco alors que ça aurait pu être un formidable terrain d'expérimentation pour les technologies futures[1]. »

L'objectif de Superphénix était notamment d'améliorer le rendement du combustible, et donc de diminuer la dépendance à son approvisionnement. Autre point fort, et non des moindres : il devait être capable de « brûler » les déchets nucléaires les plus compliqués à stocker, notamment le plutonium et certains produits de fission. « De quoi répondre enfin au cahier des charges dicté par la filière au début des années 1970,

1. Entretien à la Défense le 25 janvier 2023. L'anonymat a été requis.

reprend ce même ingénieur, celui de constituer un jour un nucléaire durable. » En l'état, cet objectif demeure un bel oxymore. Ces arguments, déjà brandis à l'époque, Lionel Jospin n'en aura cure. Pas plus que de la facture qu'a coûté au pays ce laboratoire d'un possible futur du nucléaire. Selon un rapport de la Cour des comptes de 1997, elle s'est élevée à 9,1 milliards d'euros pour sa seule construction. Avec trois ans seulement de réelle production, entre 1994 et 1997. Le Premier ministre de gauche a passé un « deal », il tient parole. De quoi lancer le chantier du démantèlement ? Pas vraiment. À l'image de ce qu'auront été ses douze années d'autorisation d'exploitation, la déconstruction de ce réacteur s'annonce pour le moins compliquée. Au point que vingt-cinq ans plus tard, elle est encore loin d'être achevée.

Mais quelles qu'aient été les difficultés rencontrées par Superphénix, son épilogue est avant tout dicté par une décision politique. Ce que plusieurs rapports confirmeront par la suite. L'aspect technique n'est en fait qu'un prétexte. Sinon, la décision aurait échu à EDF et l'ASN. Auquel cas on ne peut que regretter, compte tenu de l'impact économique futur, que la conduite de ce genre d'installation ne soit pas laissée aux mains de ceux qui détiennent l'expertise technique.

Le consensus politique autour du nucléaire civil, pour la première fois, se fissure. Au point que dans la foulée, un autre chantier, toujours à l'état de projet, est abandonné : la construction d'un nouveau réacteur au Carnet, en Loire-Atlantique, dont la mise en service aurait sans doute permis de fermer bien plus tôt la très polluante centrale à charbon de Cordemais. Pendant la décennie suivante, la libéralisation du marché de l'énergie, voulue par Bruxelles, fera le reste. À partir du moment où un marché structuré autour d'entreprises privées est envisagé, difficile en effet de laisser encore de la place au nucléaire, une technologie tellement gourmande en capitaux financiers qu'elle nécessite d'être durablement adossée à l'État, et donc à des fonds publics.

La bascule des années 2000

Les auditions de la commission d'enquête parlementaire sur les « raisons de la perte de souveraineté et d'indépendance énergétique de la France » qui se sont tenues entre octobre 2022 et avril 2023 fournissent également un intéressant corpus de l'histoire industrielle de ces dernières décennies. Y défilent d'anciens patrons d'EDF, des scientifiques, des ex-ministres ou encore, fait rare, deux anciens présidents de la République : Nicolas Sarkozy et François Hollande, invités et non convoqués, en vertu du principe de la séparation des pouvoirs. La commission est créée à l'initiative d'Olivier Marleix, ouvertement pronucléaire, et d'une poignée de députés du groupe

Les Républicains. L'objectif est affiché dès le départ : montrer comment la filière a été malmenée ces vingt dernières années. « Il faut établir les responsabilités, tempête l'ancien maire d'Anet (Eure-et-Loir) dans une interview accordée au *Figaro* en septembre 2022. Nous avons une technologie en or, qui nous assurait une énergie propre et bon marché, explique-t-il. Nous l'avons sacrifiée au nom d'un accord électoral entre le Parti socialiste et les Verts en 2011, avec l'échange de quinze circonscriptions législatives contre la fermeture de 24 réacteurs nucléaires. » La messe semble déjà dite avant même le démarrage des travaux.

La commission travaillera six mois, menant en tout 89 auditions. En dépit de leur longueur (parfois plusieurs heures) et de leur aspect souvent très technique, la retransmission de certains échanges connaît un vif succès, en direct ou en replay sur le site de l'Assemblée nationale ou sur YouTube. Les venues d'Henri Proglio et Anne Lauvergeon, respectivement ancien patron d'EDF et ancienne dirigeante d'Areva, les 13 et 14 décembre 2022, se distinguent notamment par l'incongruité du moment. Pendant près d'une décennie, ils se sont livré une bataille homérique. Leur détestation mutuelle était de notoriété publique. Les deux ennemis jurés se retrouvent pourtant, le temps d'un face-à-face avec les députés, (presque) alliés, et défendent une même thèse : les déconvenues d'EDF, et derrière celles de toute une filière, sont à mettre sur le compte d'un État passif, mais surtout de l'Allemagne, qui n'aurait eu qu'une seule idée en tête : affaiblir l'énergéticien tricolore coûte que coûte.

Le monde à l'envers

L'ancien patron d'EDF siège dorénavant au sein du conseil international de Rosatom, géant public russe du nucléaire. Anne Lauvergeon, elle, s'improvise de temps en temps « consultante Énergie » sur les plateaux de BFM TV. Pour les deux anciens cadors du secteur, l'Europe a constitué le bras armé du Bundestag, le parlement allemand, pendant que les gouvernements français successifs cédaient aux sirènes du libéralisme et de la libre concurrence. Point d'orgue de cette « trahison » au plus haut sommet de l'État, l'année 2010, lorsqu'un outil législatif – la loi Nome, acronyme pour « Nouvelle organisation du marché de l'électricité » – est créé pour démanteler, non pas des centrales, mais EDF elle-même. Il impose un mécanisme unique qui oblige EDF à subventionner ses concurrents en leur vendant à prix cassé un quart (et même en 2022 plus d'un tiers) de son électricité nucléaire. De quoi créer un marché ouvert, certes, mais de façon totalement artificielle.

« Une mesure inique, destinée à casser EDF et prise sous la pression bruxello-allemande, vilipende encore Henri Proglio. Ça a très bien fonctionné, les concurrents d'EDF sont devenus riches[1]. Mais pas les Français. Pour compenser les pertes, EDF a augmenté ses tarifs. » C'est peu de le dire. En quatorze ans, entre 2007, date de l'ouverture à la concurrence pour les particuliers, et 2020, les tarifs de l'électricité ont bondi en moyenne de 60 %, selon les chiffres du médiateur national de l'énergie. Très concrètement, un ménage qui payait 1 000 euros de facture annuelle en 2007 (ce qui constituait la moyenne nationale pour une famille de quatre personnes vivant dans un logement de 80 m^2 chauffé à l'électricité) s'est retrouvé à débourser treize ans plus tard plus de 1 600 euros. En février 2021, selon des calculs détaillés dans *Le Parisien-Aujourd'hui en France*, la seule refonte du système des taxes locales faisait encore bondir de plus de 50 euros en moyenne les tarifs de l'électricité pour les Français. Et encore, c'était avant la crise énergétique de 2022, qui en a remis une belle couche.

Des hausses encore insuffisantes, estima pourtant Jean-Bernard Lévy. Selon le successeur

1. Voir « Le service public, notion à géométrie variable chez EDF », page 109 et suivantes.

d'Henri Proglio entre 2014 et 2022, elles ne couvraient pas la réalité des coûts de production de l'électricité. « Le manque à gagner est considérable, de l'ordre de plusieurs milliards d'euros chaque année, s'indigne-t-il devant les mêmes députés. Nous touchons 42 euros par mégawatt-heure, alors que le parc nucléaire nous revient à une cinquantaine d'euros, sans tenir compte du coût de sa reconstruction. » Il est vrai que l'Arenh (Accès régulé à l'électricité nucléaire historique) a largement contribué aux résultats catastrophiques d'EDF en 2022. Depuis 2011, le groupe a en effet obligation de revendre une partie de sa production d'électricité nucléaire aux autres fournisseurs (42 euros le mégawatt-heure, donc, quand ce dernier dépasse régulièrement les 100 euros sur les marchés), dans le but de créer les conditions d'un marché concurrentiel. Pour l'heure, la mesure a plutôt contribué aux pertes abyssales : 17,9 milliards d'euros sur l'année. Pour compenser la perte de l'électricité qu'elle avait dû céder, EDF s'est retrouvée dans l'obligation d'acheter à prix d'or des mégawatt-heures sur le marché.

Yves Bréchet n'est pas tendre non plus avec la politique nucléaire de ces vingt dernières années. Pendant son audition, l'ancien haut-commissaire à l'énergie atomique (entre 2012 et 2018) raconte avoir, sur l'ensemble de sa carrière, remis plus de 4 000 pages de rapports différents à ses autorités.

Il y fustige les « zozos » et « laquais du prince », l'inculture scientifique des responsables politiques, le remplacement d'un « État stratège » par « un État bavard » pour expliquer les déboires du nucléaire en France. Et le physicien de conclure par cette phrase cinglante : « La politique énergétique du pays a été décidée par un canard sans tête. » N'en jetez plus.

Nous l'avons vu, pendant les auditions de la commission sur la perte de souveraineté, outre le marché, les élus, Bruxelles, ou encore le renouvelable, les Allemands en ont particulièrement pris pour leur grade. Pourtant, comme par un curieux effet boomerang, ils se montrent désormais inquiets de la crise technique et financière que traverse l'électricien français. EDF a en effet longtemps été considérée en Europe comme le « château d'eau électrique » : le dimensionnement du parc nucléaire français, ainsi que les interconnexions aux frontières, permettaient de venir en aide rapidement aux pays voisins, en cas de surconsommation ou de sous-production. Pendant l'hiver 2022-2023, changement de situation : un accord d'échange est conclu entre les deux pays. En cas de pénurie, la France pourra fournir du gaz à l'Allemagne, qui en manque cruellement, tandis que celle-ci promet d'envoyer de l'électricité vers l'Hexagone, si la production du parc nucléaire s'avérait insuffisante pour l'équilibre du réseau. Le monde à l'envers…

La « faute à personne »

La commission rend finalement ses conclusions six mois plus tard, le 6 avril 2023. Premier constat, plutôt attendu, dans ce document de 372 pages, beaucoup d'intervenants se renvoient la balle. Les anciens P-DG fustigent des politiques publiques trop timorées et une administration tatillonne à l'excès, quand les hauts fonctionnaires reprochent à ces mêmes grands patrons d'avoir voulu tirer la couverture à eux. Les scientifiques dénoncent une fois encore l'insuffisance des crédits alloués à la recherche, tandis que l'exécutif de l'époque met en avant le manque de clairvoyance et d'anticipation de la filière. Bref, c'est à la fois « la faute à personne et de tout le monde[1] », pour reprendre l'expression de l'un des participants. Un aspect néanmoins de ces responsabilités partagées, mais pas toujours assumées, s'explique par la différence criante de temporalité entre les acteurs. Henri Proglio la décrit très bien. En seulement cinq années de mandat à la tête d'EDF, il a dû composer avec pas moins de sept ministres. « On investit sur des durées très

1. Recueilli le 27 avril lors d'un déplacement ministériel.

longues, explique-t-il. C'est un métier où l'on gère le temps long. Les investissements sont amortis sur quarante, soixante, voire cent ans pour les barrages, non pas comptablement, mais économiquement. Travailler avec des ministres dont la “durée de vie” ne dépasse pas neuf mois, c'est assez difficile à gérer. »

Autre constat : le biais totalement assumé par la commission du prisme pronucléaire. De quoi réduire considérablement le champ des interrogations, notamment celles concernant le « mix énergétique » à venir. Certaines voix contradictoires auditionnées, comme celle d'Yves Marignac, expert de l'association négaWatt et partisan d'un développement très volontariste des énergies renouvelables, a tout bonnement disparu du document de synthèse. *A contrario*, d'autres ont bénéficié d'un traitement de faveur. Jean-Bernard Lévy est ainsi cité vingt fois. L'enseignant-chercheur Jean-Marc Jancovici, dix-huit fois. La commission a avant tout cherché à comprendre l'enchaînement des décisions concernant la politique énergétique française, en particulier électrique. Comment par exemple a-t-on pu inscrire dans la loi une limitation à 50 % de la part de la production d'électricité d'origine nucléaire, en l'absence de toute étude suffisamment étayée ? Une promesse dont il est apparu qu'elle était à la fois intenable dans les délais (2025) et sans réelle portée contraignante.

Ainsi cette commission d'enquête visant à établir les raisons de la perte de souveraineté et d'indépendance énergétique de la France s'est inscrite, dès le départ, dans une logique très politique, permettant d'appuyer la stratégie de relance du nucléaire voulue par l'État. Cela ne l'empêche pas de dispenser une abondante littérature sur la stratégie énergétique de ces vingt dernières années qui permet de mieux comprendre ce qui a conduit à un enchaînement de décisions parfois erratiques. Mais il convient d'en compulser le résultat en ayant en tête les biais qui l'ont structurée, et le consensus de départ du petit groupe de députés qui ont mené les auditions.

Le service public, notion à géométrie variable chez EDF

Indéniablement, nous l'avons vu, le chantier de construction du parc nucléaire actuel a été un succès. En un peu plus de vingt ans, il a permis de faire sortir de terre des dizaines de réacteurs. Revers de la médaille de cette réussite – accomplie, il faut le rappeler, sans étude d'impact sérieuse[1] –, la décennie suivante est immédiatement marquée par une production d'électricité en forte surcapacité. Une bonne

1. Voir paragraphe « Les girouettes ne dirigent pas le vent », p. 98.

nouvelle pour les consommateurs, entreprises et ménages, qui n'ont pas à se soucier de quelconques difficultés d'approvisionnement, et pour le pays, qui peut bénéficier d'une énergie abondante et peu chère pour son développement économique. Mais paradoxalement, ce déséquilibre inquiète grandement la direction d'EDF.

Elle redoute en effet l'effondrement de ses marges, si les cours sur les marchés de gros, et par effet domino les tarifs de vente aux clients (ce qu'EDF appelle « le commerce de détail »), venaient à baisser durablement, du fait d'une offre supérieure à la demande. D'autant que la date de l'ouverture à la concurrence des marchés de l'énergie avance à grands pas. Pour les professionnels, elle est programmée en 2004, soit à peine deux ans plus tard ; et en 2007 pour les particuliers. Ce n'est un secret pour personne : la perte du monopole ne sera pas sans conséquences.

Résultat, un « comité des prix » a été créé, avec comme objectif de mieux contrôler les niveaux auxquels se vendent et s'achètent les mégawattheures. Pour cela, les équipes EDF Trading, filiale londonienne d'EDF et de Louis-Dreyfus, spécialisée dans le négoce d'énergies, doivent rentrer dans le rang. Ces dernières achètent et vendent à tour de bras sur les marchés, accumulant parfois des sommes folles, sans forcément tenir compte de l'impact que peuvent avoir ces mouvements. Et les velléités d'indépendance du directeur général, Francis Hervé, agacent sérieusement (il sera finalement débarqué en février 2004).

C'est dans ce contexte que, le 6 septembre 2002, une réunion de ce comité des prix est organisée. Comme l'indiquent des documents auxquels nous avons eu accès, l'ordre du jour est clair : il s'agit de mettre en place une nouvelle « stratégie pour maximiser les marges groupe ». L'un d'entre eux est ainsi intitulé : « Perspectives financières EDF et ouverture des marchés » suivi de « Problématiques et dossiers à traiter ». À l'intérieur, quelques grands axes : « augmenter les tarifs » et « favoriser la remontée des prix de gros » parce que cela « facilite les hausses tarifaires », « réduit la pression concurrentielle sur le marché de détail » et « améliore le résultat du groupe ».

En ce début des années 2000, la nouvelle philosophie du groupe est donc claire : mettre tout en œuvre pour contrer les effets indésirables de la surproduction des réacteurs et conserver ainsi des marges confortables. Problème : EDF a une « mission de service public ». Comment, de fait, justifier toutes ces actions pour augmenter aussi bien les prix (sur les marchés) que les tarifs (particuliers et entreprises), et menacer ainsi sérieusement la compétitivité du pays ? En réécrivant l'histoire, ses dirigeants n'auront de cesse, les deux décennies suivantes, d'affirmer en effet exactement le contraire : qu'ils mettent tout en œuvre pour protéger les ménages et les entreprises.

EDF a, par exemple, sciemment cherché à limiter le rendement, c'est-à-dire la puissance électrique de ses réacteurs, comme le reconnaît Bernard Dupraz, alors directeur délégué de la branche énergie d'EDF, à l'occasion de son audition du 19 décembre 2002 dans le cadre d'une étude parlementaire portant sur « la durée de vie des centrales nucléaires et les nouveaux types de réacteurs ». Celle-ci est menée par les députés du Nord Christian Bataille et de Haute-Savoie Claude Birraux, respectivement rapporteur et président de l'Office parlementaire d'évaluation des choix scientifiques et technologiques (Opecst). « S'agissant d'améliorer le rendement, nous sommes bien sûr intéressés, explique Bernard Dupraz devant les membres de l'Office. Compte tenu cependant de l'état actuel du marché européen de l'électricité, la question ne se pose peut-être pas à très court terme. » Pas question donc d'améliorer la production en augmentant la puissance, au risque là encore d'influer défavorablement sur les prix. Bernard Dupraz parle du court terme, mais, en réalité, cette stratégie est prévue pour durer au-delà.

Le 9 septembre 2002, soit trois jours après le comité décrit plus haut, une nouvelle réunion est organisée, par Loïc Capéran cette fois. Cet ancien du secteur automobile, passé par Renault puis

Fiat, est désormais le directeur général délégué Clients et membre du comité exécutif d'EDF. Avec l'autre directeur général, Yannick d'Escatha, responsable de la politique industrielle, ils forment l'état-major resserré d'EDF autour du P-DG François Roussely. Loïc Capéran conduit la réunion en s'appuyant sur un document classé « strictement confidentiel », que nous avons également pu consulter. Intitulé « Quelles évolutions pour nos tarifs et nos prix ? Dans quel contexte ? Proposition d'organisation de la réflexion et du travail », il acte la nouvelle stratégie : « Le comité des prix qui s'est réuni le 6 septembre 2002 a examiné avec attention les facteurs de risques et d'incertitude qui pèsent sur l'avenir de l'entreprise en matière d'évolution tarifaire et d'évolution des prix, aussi bien sur les marchés de gros que sur les marchés de détail dans les années à venir. Ces risques sont de nature à dégrader fortement les marges de l'entreprise, et en conséquence la valeur du groupe. »

Le contexte étant précisé, le document rappelle les modalités à venir, dans des termes eux aussi explicites : « Ils [les risques en matière d'évolution tarifaire et de prix] dépendront aussi de l'action économique et institutionnelle que nous aurons su mener à la fois pour favoriser un fonctionnement rentable des marchés de gros (stratégie d'offre à court, moyen et long terme et sa perception par les marchés), et pour nous mettre à l'abri d'une guerre des prix de l'électricité sur le retail [le commerce de détail, notamment celui des ménages], en créant les conditions d'un fonctionnement satisfaisant et équilibré d'un oligopole européen de l'électricité. »

Faire d'un risque une opportunité. En transformant la fin du monopole français en un « oligopole » européen, permettant à une toute petite frange de contrôler l'ensemble du secteur. Pour cela, la direction d'EDF compte sur sa capacité de lobbying : « Ils [toujours ces mêmes risques] dépendront enfin de notre capacité de conviction auprès de la tutelle française quant à nos besoins tarifaires et aux effets de la régulation sur la rentabilité de l'activité régulée. [...] De nombreux travaux ont été engagés et finalisés au cours de ces dernières années, précise encore le document, qui nous ont permis d'agir pour constituer un groupe européen, et de demeurer en position de continuer à dégager des marges importantes sur le marché français ouvert. »

La direction est fébrile. Elle sait que le groupe se trouve à un tournant de son histoire. Le manquer pourrait lui être financièrement fatal. Ses cadres enchaînent donc les réunions. Ainsi, le 22 septembre de cette même année, le comité exécutif (Comex) est convoqué pour lancer concrètement les grandes manœuvres : « Le Comex a approuvé la nécessité pour le groupe EDF de s'attacher à la poursuite des trois objectifs suivants pour assurer la maximisation des marges de l'activité France ».

Parmi ces objectifs, il s'agit de « rassembler les conditions de réalisation d'arbitrage entre les marchés France et Allemagne tout au long de l'année : EDF doit dans ce but poursuivre les actions nécessaires auprès de RTE et de la CRE pour que les règles évoluent dans le sens d'une augmentation [des prix] et de plus de visibilité sur les capacités allouées aux interconnexions. »

Alors que l'Europe veut ouvrir à la libre concurrence, en évitant toute collusion entre les parties, notamment avec les régulateurs, EDF identifie clairement la nécessité de pouvoir influer sur les décisions de RTE (sa filiale transport), mais surtout sur la CRE (Commission de régulation de l'énergie), qui, en tant qu'autorité administrative indépendante (AAI), joue pourtant un rôle crucial : celui de « gendarme de l'énergie ». Quant à l'allusion faite aux interconnexions (entre la France et ses voisins, notamment l'Allemagne, la Belgique, la Suisse, la Grande-Bretagne, l'Italie, etc.), la logique est toujours la même : EDF cherche à exporter plus pour diminuer la disponibilité en France. Et donc là encore, faire monter les prix.

D'où cet autre objectif, inscrit dans le document : « Maximiser le niveau du prix du marché de gros. Dans la durée, la question soulevée est celle du pouvoir de marché d'EDF et de sa capacité à peser à la hausse sur les prix de gros par une politique d'offre et des actions industrielles. » « Peser à la hausse » donc, en jouant sur les volumes. Exactement ce que fait l'Opep depuis sa création en 1960. Celle-ci n'hésite pas en effet à faire varier régulièrement, à la hausse comme à la baisse, en fonction du contexte économique et géopolitique du moment, la mise à disposition de ses barils de pétrole brut sur les grands marchés. Au grand dam des nations occidentales qui en subissent régulièrement les conséquences – parfois, nous l'avons vu, au prix de terribles crises économiques.

EDF est allée jusqu'à envisager de racheter sur les marchés des volumes d'électricité de ses concurrents, mais également ceux issus de ses propres productions. « La solution "acheter les excédents" qui pourrait mettre le groupe en difficulté vis-à-vis du droit de la concurrence n'a pas été retenue », indique pudiquement la note. La peur du gendarme a cette fois-ci été plus forte. Régulièrement, la nouvelle ligne de conduite est rappelée, sur le principe de la méthode Coué. Ainsi le 6 décembre 2002, lors d'une énième réunion du comité des prix, il est indiqué dans la partie intitulée « Objectif du dossier » : « Le groupe EDF s'est fixé comme objectif en France de viser l'accrochage des prix avec le marché allemand : – sur le marché spot [le très court terme] – sur le marché à terme. » L'Allemagne, donc, devient officiellement le concurrent « cible ». Une nouvelle réunion du comité des prix, à laquelle assistent cette fois les deux directeurs généraux, Loïc Capéran et Yannick d'Escatha, est encore organisée le 6 janvier 2003. Comme l'indique son compte rendu écrit, elle valide l'ensemble de ces stratégies.

Un dernier document, édité par le service « Prix et risques marchés énergies groupe » (PRIME) en date du 20 mai 2003, anticipe cette fois les éventuelles critiques qui pourraient venir des politiques, des médias ou de l'opinion publique : « L'argumentation du groupe pour les hausses tarifaires sera d'autant plus fragilisée que les prix de gros seront bas. » D'où l'importance de faire monter ces prix pour justifier *a posteriori* la hausse des tarifs pour les consommateurs. « Face à cet enjeu, le groupe cherche à rassembler les conditions de tenue du prix France au niveau du prix Allemagne à toutes les échéances de temps, en spot et à terme. [...] La politique recommandée aujourd'hui est donc de ne pas écouler d'énergie en France en dessous du prix allemand. » Là encore, l'Allemagne joue le rôle de « référent prix ». Avec un levier principal : « la part de marché libérée pour la concurrence ». Cette politique du « contrôle des volumes, donc des prix » devient dès lors le *leitmotiv* du groupe, et de tous les patrons qui se succèdent à sa tête. Jusqu'à se poursuivre encore aujourd'hui, avec les conséquences que l'on connaît sur les tarifs.

Des choix stratégiques hasardeux

Le point de bascule entre une industrie nucléaire française ambitieuse et florissante et les difficultés rencontrées aujourd'hui par son chef de file, EDF, est assez facile à identifier : les années 2000, soit au moment où les derniers réacteurs du parc actuel ont été mis en service (Chooz B1 et B2 en 2000 ; Civaux 1 et 2 deux ans plus tard et le lancement du chantier de l'EPR de Flamanville 3 en 2004). La production d'électricité est alors excédentaire. D'où la promotion, nous l'avons vu, pendant plusieurs décennies, d'appareils électriques bon marché et au rendement énergétique catastrophique, dans des logements mal ou pas isolés. Il fallait bien écouler une énergie qui ne se stockait pas. Ou l'exporter. La France a donc vendu des gigawattheures en veux-tu en voilà à ses voisins européens. À son apogée, entre 2014 et 2019, c'est ainsi l'équivalent de la production d'une dizaine de réacteurs qui part à l'export. Ce qui pose question : le parc nucléaire français a été en partie construit sur les deniers du pays, donc des Français. Était-il normal qu'une partie de sa production ne leur soit pas destinée et que les fruits de la vente d'électrons aillent directement dans les poches d'EDF, de ses actionnaires et de l'État ? Même s'il est vrai qu'ils ont bénéficié pendant de longues années de prix relativement bas.

D'autant que la tentation est alors grande pour la filière de se reposer sur ses lauriers et de ne plus investir suffisamment dans l'appareil productif existant. « La filière nucléaire a fait preuve d'une trop grande confiance en elle, inspirée par la construction et l'exploitation réussies d'un parc de 58 réacteurs », a cruellement résumé, en 2020, la Cour des comptes. L'État actionnaire préférait, lui, regarder ailleurs, profitant d'une électricité bon marché. Tout bénef politiquement (et financièrement). Industriellement en revanche, la stratégie se révélera extrêmement dangereuse, et porte déjà en elle les germes de tous les problèmes à venir. Car cette longue pause dans la construction de nouveaux réacteurs nucléaires, ou de tout autre outil de production d'énergie, notamment renouvelable, couplée à une incapacité à faire un choix clair et pérenne, fruit d'une absence totale de vision stratégique, fragilise terriblement le groupe. Et avec lui toute la filière, non seulement nucléaire, mais énergétique. Ce qu'a encore résumé Jean-Bernard Lévy, le P-DG d'EDF de 2014 à 2022, lors de cette audition devant les députés de la commission sur la souveraineté : « Je rappelle qu'il s'est passé environ quinze ans entre la fin de la construction du parc actuel et le démarrage du chantier d'un réacteur uniquc à Flamanville, et qu'il se sera passé de nouveau une quinzaine d'années, voire près de vingt ans, avant que soit prise, je l'espère, la décision définitive de construire de nouveaux réacteurs. » La France en a-t-elle profité pour développer d'autres formes de production d'énergie ? Même pas. En se focalisant sur l'électricité nucléaire, les responsables politiques, de gauche comme de droite, ont mis de côté l'enjeu de la sortie des énergies fossiles (pétrole et gaz) sans donner toute sa place au renouvelable.

EPR de Flamanville : le bandit manchot ?

D'autant que côté nucléaire, tout ne va pas pour le mieux. Le 1er juillet 2022 – année ô combien riche en retournements concernant l'énergie –, Alain Morvan, le directeur de l'EPR de Flamanville (Manche), annonce le remplacement préventif de 64 des 241 assemblages d'uranium enrichi, le combustible utilisé dans le mégaréacteur en construction. L'opération fait suite aux problèmes identifiés sur l'un des deux EPR chinois de Taishan, les premiers au monde à avoir été mis en service, en 2018. En juin 2021, sur le réacteur numéro 1, plusieurs gaines qui entourent le combustible fournissant l'énergie au réacteur, de l'uranium enrichi enveloppé par du zirconium, ont dû être changées. Fissurées, elles laissaient se répandre des gaz rares et accessoirement radioactifs dans le circuit primaire, destiné à refroidir le cœur. Par précaution, les EPR de Taishan et celui de Flamanville étant construits exactement sur le même modèle, la direction d'EDF décide donc elle aussi de changer une partie du combustible, ajoutant un énième paragraphe au long chapitre des déboires survenus sur le chantier normand. Ces derniers paraissent d'ailleurs symptomatiques du mal qui ronge le nucléaire français, à commencer par une sous-estimation chronique et systématique des coûts et des délais.

Pour savoir où tout cela peut nous mener, tentons d'abord de comprendre d'où nous venons. Dans le domaine du nucléaire, Flamanville apporte pour cela un éclairage précieux. Fin 2007, lorsque le premier béton est coulé, la mise en service est programmée pour 2012, soit cinq ans plus tard, pour un coût de 3,3 milliards d'euros. Ce programme pour le moins ambitieux a déjà été annoncé quelques mois plus tôt, le 10 avril, moins de deux semaines avant le premier tour de l'élection présidentielle, par le ministre des Finances d'alors, Thierry Breton. C'est lui qui signe le décret autorisant le lancement des travaux. Le texte semble voir très large puisqu'il fixe la date limite de livraison du chantier au 10 avril 2017 (cette date sera par la suite repoussée). En réalité, les instances dirigeantes, politiques au gouvernement mais également opérationnelles chez EDF, savent parfaitement que la date de 2012 n'a été fixée que pour rassurer les marchés et l'opinion publique, mais aussi pour l'image : pas question de rappeler qu'il s'agit du premier réacteur mis en chantier en France depuis seize ans. En réalité, chacun sait déjà que c'est parfaitement intenable.

Seize années, cela représente une éternité si l'on tient compte de l'importance du maintien du savoir-faire dans une technologie aussi complexe et délicate. C'est d'ailleurs ce qui a avant tout motivé le gouvernement à lancer ce projet dès 2004, sous l'impulsion de Jean-Pierre Raffarin, alors Premier ministre de Jacques Chirac : ne pas rompre le fil ténu des compétences. Le nucléaire, c'est comme la bicyclette : si on n'avance pas assez vite, on se casse la binette. Et si la perspective d'une demande d'électricité en forte croissance constitue (déjà à l'époque) le principal argument avancé par les politiques comme par la direction d'EDF, la réalité est tout autre. Pierre Gadonneix, le P-DG d'EDF d'alors, ne se gêne d'ailleurs pas pour reconnaître, de façon très décomplexée, que les projections sur la future consommation d'électricité du pays ne constituent pas la motivation première à la construction de l'EPR[1].

Le feuilleton du chantier maudit

Dès l'année suivante, en 2008, le chantier connaît ses premiers déboires. Au mois de mai, il est même carrément suspendu, après la découverte de fissures dans le coulage du béton. L'ASN y voit (déjà) un « manque de rigueur » qu'elle juge « inacceptable ». De son côté, EDF minimise : « À ce stade, il est très largement prématuré de parler de retards potentiels sur notre chantier », évoque un responsable[2]. Des associations écologistes réclament l'arrêt du projet. Le feuilleton est lancé, avec une première annonce de dépassement du budget puisque dès le mois de décembre de cette même année, EDF admet que le chantier lui coûtera 20 % plus cher. La facture passe alors à 4 milliards d'euros.

En 2011, c'est la mort de deux ouvriers qui défraye la chronique. Un salarié de 37 ans décède

1. Interview de Pierre Gadonneix dans *Ouest-France* le 21 octobre 2004, le jour même où le conseil d'administration d'EDF confirme le choix de Flamanville dans la Manche, et non Penly, en Seine-Maritime, comme cela avait été initialement prévu, pour construire le premier EPR.

2. https://www.asn.fr/l-asn-informe/actualites/lettre-d-information-de-l-epr-n-3

au mois de janvier, provoquant l'ouverture d'une enquête pour « homicide involontaire ». Les travaux sont stoppés pendant neuf semaines. S'ajoute le décès d'un employé de 32 ans en juin, alors que l'ASN avait indiqué deux mois plus tôt enquêter sur une sous-déclaration des accidents du travail. Deux entreprises – Bouygues TP et Tissot – seront condamnées en 2014 (la cour d'appel relaxera toutefois Bouygues l'année suivante).

Toujours en 2011, en juillet cette fois, ce sont des révélations d'un autre genre qui ternissent encore un peu plus l'image d'un chantier qui voulait pourtant redorer le blason d'une industrie en perte de vitesse. EDF évoque un retard de livraison de deux ans (pour 2014 donc), pour un coût total réévalué cette fois à 6 milliards d'euros. Pour justifier ces annonces, le groupe évoque des analyses qui doivent être menées dans le cadre d'audits lancés après la catastrophe de Fukushima, survenue quatre mois plus tôt au Japon. En août, *Le Canard enchaîné* révèle néanmoins de nouvelles et graves malfaçons identifiées par l'ASN dans le gros œuvre du futur réacteur et qui ont valu à EDF des courriers de mise en garde. L'Autorité parle notamment de « piliers de béton percés comme du gruyère ».

En 2012, ce même bétonnage du chantier est interrompu pour la troisième fois. Les 45 « boîtes » géantes sur lesquelles prend appui le pont de manutention des combustibles nucléaires doivent être démontées. De quoi donner des sueurs froides aux partenaires d'EDF. Dont Enel, qui préfère jeter l'éponge en exerçant son droit de retrait, même si le géant italien doit pour cela s'acquitter d'une pénalité de 613 millions d'euros (hors intérêts). Sa direction a sans doute évalué que cela lui coûterait encore bien plus cher de rester. Il n'y a pas de hasard de calendrier, EDF avait annoncé quelques jours auparavant une nouvelle augmentation du coût du chantier : 8,5 milliards d'euros désormais.

En 2014, nouveau retard. EDF annonce le report à 2017 de la mise en service en raison de « difficultés [...] sur la livraison d'équipements tels que le couvercle [...] de la cuve ». Selon l'ASN, ce sont les soudures de tubes traversant le couvercle qui posent problème. Le couvercle doit alors être « déconstruit » pour être réparé avant d'être à nouveau posé.

L'année suivante, Bouygues est à nouveau inquiété par la justice. Le géant français du BTP, ainsi que sa filiale Quille, mais également les entreprises Elco et Welbond sont condamnés par le tribunal de Cherbourg à des amendes dans une affaire de travail au noir d'au moins 460 travailleurs « détachés » polonais et roumains. Ces derniers étaient recrutés via un obscur intermédiaire basé à Chypre, qui faisait signer aux ouvriers des contrats rédigés uniquement en grec.

En 2016, le parquet de Caen requerra le doublement des amendes.

Toujours en 2015, d'autres malfaçons sont mises au jour. Au mois d'avril, l'ASN annonce avoir découvert de nouvelles « anomalies [...] dans la composition de l'acier de certaines zones du couvercle de la cuve et du fond de cuve ». Des soupçons pèsent notamment sur Areva, chargée de fournir le réacteur : le sous-traitant a-t-il volontairement dissimulé dès le début du chantier un défaut, potentiellement dangereux, dans cet élément central de l'EPR ? L'anomalie aurait en effet été diagnostiquée dès 2014 sur la cuve et le couvercle, fragilisés par des teneurs en carbone trop élevées.

Ce sont indirectement ces révélations qui conduiront en 2016 à une autre affaire – l'une des plus graves de toute l'histoire de l'industrie nucléaire française – et que l'on semble ces derniers temps vouloir oublier : les dossiers falsifiés de la forge du Creusot. Dans cette usine d'Areva sont fabriqués, entre autres, des composants d'îlots nucléaires des centrales, dont ceux de l'EPR. Un audit révèle des « anomalies » de fabrication. Selon l'ASN, 400 dossiers sur environ 10 000 dossiers de fabrication sont concernés par des « incohérences », sur une période remontant aux années 1960. Soit cinquante années de « falsification de dossier ». Le coût du chantier s'envole une nouvelle fois, désormais à 10,5 milliards d'euros. L'année suivante, une enquête de journalistes de Radio France apporte la preuve qu'EDF et Areva avaient connaissance des soucis de fabrication de la forge du Creusot depuis au moins 2005, sans pour autant avoir jamais remis en question les commandes qui lui étaient faites.

Un prix de l'électricité désormais prohibitif

L'affaire appartient-elle désormais au passé ? Détrompez-vous : elle connaît encore des répercussions bien concrètes aujourd'hui. L'EPR de Flamanville doit être officiellement mis en service en 2024. Or c'est précisément l'année où le couvercle de la cuve doit être remplacé. Un « deal » avait en effet été passé entre EDF et l'ASN. Si le chantier se terminait suffisamment tôt, l'EPR pourrait entrer en fonctionnement, à la condition expresse qu'il ne produise du courant qu'à une puissance limitée, du fait des fragilités du couvercle, jusqu'au remplacement de celui-ci. Les déboires ayant perduré, il est fort probable qu'EDF renonce à une mise en service dès 2024, pour quelques semaines, voire quelques mois tout au plus. Il est donc permis d'envisager qu'elle sera à nouveau repoussée d'au moins une année, si ce n'est plus. À moins qu'il ne soit décidé d'ici là de mettre fin à la gabegie.

Car prenons quelques lignes de conclusion pour faire le bilan. En août 2020, dans un rapport public sobrement intitulé « La filière EPR », la Cour des comptes évaluait le coût global de la mise en service de l'EPR de Flamanville à 19,1 milliards, dont 20 % en coûts de financement. De quoi qualifier ce projet d'« échec opérationnel, pour des dérives de coûts et de délais considérables » (une note six fois plus élevée qu'au lancement et une durée de chantier multipliée quasiment par quatre). D'autant que ces chiffres, arrêtés au 1er juillet 2023, sont encore amenés à évoluer. Fin 2022, EDF annonce déjà un nouveau surcoût de 500 millions d'euros pour six mois de délais supplémentaires (hors problèmes de couvercle de cuve).

« En 2004, au lancement du projet, peut-on lire dans ce même rapport de la Cour des comptes, le coût de production de l'électricité par l'EPR [NDLR : considérée comme une tête de série, un premier "essai" susceptible d'accuser quelques erreurs ou malfaçons qui seraient gommées dans les constructions suivantes] était estimé par EDF entre 36,2 et 41,10 euros par mégawattheure [...] puis entre 29,2 et 31,70 euros par mégawattheure pour une tranche moyenne, en faisant l'hypothèse de la construction de dix tranches (tête de série comprise). Ces hypothèses plaçaient la production électronucléaire de l'EPR dans une position très compétitive par rapport aux autres moyens de production d'électricité. » Dans les premières années du chantier, ce coût est réévalué au fur et à mesure de l'annonce des dépenses supplémentaires. Jusqu'à… disparaître. À partir de décembre 2008 en effet, EDF cesse de publier la moindre estimation. « L'entreprise justifie cette absence de suivi par l'évolution des coûts de construction du réacteur, la difficulté d'une évaluation prévisionnelle de la première réalisation en France d'un nouveau type de réacteur nucléaire… »

Too big to (not) fail

Mais revenons quelques instants au mois de juin 2021 et aux fissures apparues sur des gaines entourant le combustible. Car ce problème pourrait lui aussi compromettre un peu plus l'équilibre économique de l'EPR de Flamanville, même si celui-ci était *in fine* mis en production. L'électricien français se veut pourtant à ce moment rassurant : « Les enseignements que nous tirons de ces événements ne remettent pas en question le niveau de puissance de l'EPR. » Pourtant la question est bien là. L'EPR de Flamanville, comme tous ses petits frères que sont donc les deux EPR de Taishan mais également celui d'Olkiluoto en Finlande, ainsi que les deux en cours de construction à Hinkley Point en Grande-Bretagne, n'ont-ils pas été surdimensionnés ? Il faut préciser qu'aucune autre grande nation nucléaire, États-Unis et Russie les premiers, ne s'est risquée à franchir le « mur du son » nucléaire, à savoir le seuil de puissance de 1 300 MW. Seule la France a cédé à cette folie des grandeurs en se lançant dans un projet d'« A380 du nucléaire », pour reprendre l'expression donnée par un ingénieur d'EDF lors d'une visite sur le site en 2011.

EDF a dans un premier temps cherché à minimiser le problème survenu à Taishan. Dans un courrier en date du 21 mars 2022, la direction évoquait « un phénomène d'usure mécanique consécutive à la rupture de petits dispositifs de maintien des crayons dans les assemblages ». Pour faire simple, sous l'effet de la puissance, l'eau qui immerge le cœur du réacteur de Taishan bouillirait un peu trop fort, faisant entrechoquer les pastilles d'uranium empilées dans des « crayons » jusqu'à en percer la gaine de zirconium qui les entoure.

Des déboires comparables à ceux de Taishan ont malheureusement déjà été observés, sous des formes variées, dans des réacteurs français : les deux de la centrale de Chooz, dans les Ardennes, ainsi que ceux de Civaux, dans la Vienne. Ces quatre tranches ont au moins deux caractéristiques communes : outre leur jeune âge, ce sont également les seules dans l'Hexagone (et même dans le monde) à atteindre une telle puissance (que l'on appelle aussi « palier »), 1 450 MW, les 52 autres se situant dans une fourchette comprise entre 900 et 1 300 MW. Concernant la dégradation des gaines de combustible à Chooz et Civaux, analogue à celle observée en Chine, EDF reconnaissait bien alors « une élévation de température plus élevée en haut du cœur des réacteurs les plus puissants ». Aurait-on laissé le lait s'échapper de la casserole ?

Contrairement au discours rassurant de la direction, des experts techniques d'EDF estiment bien que la surpuissance des derniers réacteurs de deuxième génération (paliers P4 et P'4) et des premiers de troisième génération (EPR 1) constitue la source du problème. L'un des membres d'une direction technique interne au groupe, ainsi que plusieurs sous-traitants, nous ont confié qu'il avait été dans un premier temps envisagé de modifier le design des grilles, celles-là mêmes qui permettent l'empilement des pastilles d'uranium dans les crayons[1]. « Sauf que ces modifications auraient entraîné par effet domino d'autres modifications, très coûteuses en temps et en argent, nous a expliqué un ingénieur nucléaire travaillant pour l'une de ces entreprises sous-traitantes. Sans qu'il soit possible d'en connaître réellement l'efficacité. »

C'est finalement une solution « par défaut » qui pourrait remporter la mise : il s'agirait de limiter à 1 400 MW grand maximum la puissance de tous les réacteurs qui avaient été pourtant initialement conçus pour aller au-delà. Un peu comme brider la puissance d'une voiture de course parce qu'elle

1. Entretien téléphonique, mai 2022.

ne tient pas bien la route. Pas sûr dans ce cas qu'elle remporte la moindre compétition. Quant aux EPR, la production d'électricité s'en fera forcément ressentir. Ce qui pose un sérieux problème. Les Finlandais, notamment, pourraient réclamer de nouvelles indemnités à la France, au motif que cette limitation de puissance abaissera le rendement de l'unité 3 d'Olkiluoto, dont la construction fut initiée par Areva. La mise en service a été opérée en avril 2023 après treize années de retard, entraînant déjà de substantiels dédommagements. Idem pour les Britanniques, si les deux tranches de Hinkley Point ne sont pas en mesure de fournir leur pleine puissance une fois le chantier terminé.

Et pourtant… la relance

Les déboires rencontrés par l'industrie nucléaire depuis une bonne vingtaine d'années sont à n'en pas douter dans l'esprit de tous les décideurs. Avec 47,5 milliards d'euros de chiffre d'affaires annuel (dont 1 milliard réinvesti en recherche et développement) et 220 000 emplois directs, le secteur représente pourtant la troisième filière industrielle du pays, derrière l'aéronautique et l'automobile. « En 2020 puis en 2021, les plans France Relance et France 2030 ont fait du nucléaire un secteur prioritaire, explique Agnès Pannier-Runacher. 470 millions, puis encore 1,2 milliard d'euros y ont été directement alloués. C'est un signal clair. »

Et puis il s'agit de renforcer à nouveau la souveraineté du pays. « Avec la crise du Covid, et encore plus avec cette crise énergétique, tout le logiciel, la *doxa* partagée de fonctionnement de notre économie depuis la sortie de la Seconde Guerre mondiale a été remise en cause, estime encore la ministre. On nous avait expliqué que le commerce mondial était la meilleure façon de faire baisser les prix pour le consommateur et de permettre une meilleure allocation des ressources, donc la progression du bien-être et de la croissance collectifs. Mais ce que l'on n'avait pas voulu voir, c'est que cela créait *de facto* des dépendances. Et que celles-ci pouvaient se renverser à tout moment, pour devenir des armes de guerre. La Russie l'a parfaitement compris. »

Agnès Pannier-Runacher rappelle comment la Russie œuvrait déjà en ce sens depuis de nombreuses années au sein de l'Opep+, qui regroupe les treize membres de l'Organisation des pays exportateurs de pétrole, menés par l'Arabie saoudite, ainsi que dix partenaires supplémentaires, conduits par la Russie. « En jouant sur la production et donc sur les marchés mondiaux, la Russie créait déjà un rapport de force afin d'obtenir des concessions, analyse-t-elle. Et ça ne date pas d'hier. Ces mécanismes autour de l'énergie étaient déjà en œuvre au moment des deux chocs pétroliers dans les années 1970. »

Covid et crise énergétique auraient provoqué selon la ministre une « nouvelle prise de conscience, voire une remise en cause du caractère naturel et évident des chaînes d'approvisionnement mondial ». « Les États-Unis, avec l'Inflation Reduction Act, ou IRA, ou encore la Chine, ont renforcé leurs politiques protectionnistes, de façon totalement assumée », observe-t-elle. Sous-entendu : il n'y a pas de raison que l'Europe, et avec elle la France, ne fasse pas de même.

« Il y aura des fermetures de centrales, affirme pourtant la ministre. Même si nous continuerons d'avoir besoin du nucléaire, en complément du renouvelable, pour répondre aux besoins grandissants d'électricité. »

Le grand défi de l'électrification

« La France doit se préparer urgemment à un plan massif d'électrification et donc à des choix industriels drastiques dans un temps très court », justifie Xavier Piechaczyk. Le président du directoire de RTE, ingénieur des Ponts, docteur en sciences politiques, ancien du cabinet Hollande à l'Élysée (2014-2015), suit de très près, depuis sa nomination en 2020, les décisions politiques prises par le gouvernement en matière d'énergie. Il est à la tête d'une entreprise de 9 500 salariés, dévoués à la gestion des besoins en électricité, pour aujourd'hui comme pour les décennies à venir. Pour lui, pas de doute : le XXIe siècle sera électrique ou ne sera pas.

Curieux exercice où il faut à la fois gérer l'immédiat – l'équilibre à la seconde entre l'offre (la production ou les importations d'électricité) et la demande (la consommation des ménages, de l'industrie, des transports, etc.) – et l'avenir énergétique de tout le pays. RTE, c'est 105 000 kilomètres de lignes à très haute tension, 250 000 pylônes et plus de 5 milliards d'euros de chiffre d'affaires. Et cette certitude de Xavier Piechaczyk : « Les filières, dans le nucléaire, les énergies renouvelables et les infrastructures, doivent absolument monter en cadence de façon spectaculaire pour absorber le choc à venir du remplacement des énergies fossiles consommées sur le territoire. »

L'alerte était déjà donnée dans les travaux publiés par RTE en octobre 2021, sous le nom de « Futurs énergétiques 2050 ». Un millier de pages de projections, compactes et argumentées, contenant plusieurs scénarios en fonction de différents paramètres et choix stratégiques, avec un objectif : atteindre la neutralité carbone au plus tard dans un peu moins de trente ans. Emmanuel Macron s'en était inspiré pour élaborer la charpente de son discours fondateur en matière de politique énergétique et de relance du nucléaire, à Belfort. « Le premier enjeu aujourd'hui, c'est celui de l'accélération, reprend Xavier Piechaczyk. Les choix devant lesquels nous sommes ressemblent à ceux des années 1970, même si la société n'est plus la même, même si les arbitrages seront différents. » Comme avec la crise énergétique, le parallèle avec les années 1970 est de mise. Concernant l'électrification du pays, les « éléments de langage » se calquent sur ceux distillés à l'époque par les membres du gouvernement Pompidou. Souvenez-vous de l'affiche électorale de François Mitterrand pour la campagne présidentielle de 1965. Derrière le candidat socialiste, un pylône électrique, et au loin dans la campagne, une usine qui fume.

Nous resservirait-on la même soupe que dans les années 1970, quand on promettait (déjà) au pays une explosion de la consommation d'électricité pour justifier la construction du parc nucléaire ? « Je ne pense pas qu'on soit dans le même cas de figure », tempère Audrey Zermati, la directrice d'Effy. Le groupe, spécialisé dans l'accompagnement des particuliers pour la réalisation de travaux de rénovation énergétique, propose un vivier de 3 000 artisans partenaires labellisés RGE (Reconnu garant de l'environnement) et guide ses clients dans la jungle administrative des aides publiques. « Dans les années 1970, on était dans une logique de forte construction de nouveaux logements, avec des normes d'isolation et de chauffage peu élevées, rappelle cette experte de l'énergie, ancienne déléguée générale adjointe de l'UFE (Union française de l'électricité). Aujourd'hui, le parc immobilier se renouvelle bien plus lentement, à peine 1 % supplémentaire par an, avec des nouvelles normes pour le coup très performantes, qui font que ces logements consomment de moins en moins. » C'est donc du côté des nouveaux usages, la voiture électrique, les pompes à chaleur ou une industrie décarbonée, que la demande en électricité se fera massivement.

D'où cette stratégie sur deux jambes, l'une renouvelable, l'autre nucléaire, indispensable, selon Fatih Birol, pour répondre aux besoins futurs : « Au Japon, en Corée, en Suisse, en Finlande, en Lituanie, ou encore bien sûr en France, la situation a changé du tout au tout, observe le directeur exécutif de l'AIE. Le président Macron n'en voulait pas, il a changé d'avis, convaincu sans doute que le nucléaire était utile pour la construction d'une souveraineté nationale, ainsi que contre le réchauffement climatique. Mais promettre est une chose, tenir ses engagements en est une autre. Le nucléaire français n'a pas vraiment brillé pour tenir ses délais et ses coûts. Il lui faudra donc revoir sa méthode. Là aussi la Chine donne des leçons au reste du monde. Dans moins de cinq ans, elle deviendra la première puissance nucléaire civile, devant les États-Unis. » Il y a donc urgence si la France ne veut pas être laissée sur le bas-côté. « Les enjeux sont importants, mais c'est néanmoins jouable, estime encore Agnès Pannier-Runacher. Ça suppose d'avoir un plan solide, en termes d'attractivité des métiers notamment, et ça commence à bouger, on constate que dans les filières, notamment d'ingénieurs, les sections liées au nucléaire se remplissent et qu'il commence à y avoir plus de demandes que d'offres, ce qui est nouveau, ça n'était pas encore le cas il y a deux ans. »

Un « plan Marshall » du recrutement

Un « plan solide », le gouvernement en a élaboré un. Pour répondre aux besoins, il faudra embaucher massivement. Et donc mettre un sérieux coup d'accélérateur sur la formation. La campagne de recrutement qui est lancée revêt de forts accents de keynésianisme, tant l'État est à la manœuvre. « Je fais partie de ces gens qui pensent que le capitalisme, c'est le renard libre dans le poulailler libre, comme disait Jaurès, explique Agnès Pannier-Runacher. Et je postule pour un État régulateur. En France, on nous parle souvent d'ultralibéralisme. C'est tout le contraire. On se trouve dans l'un des pays les plus régulés du monde, au point même que parfois, le niveau de complexité est tel que cela en devient contre-productif. Surtout quand les règles ne s'appliquent qu'à notre territoire. » L'ancienne ministre de l'Industrie fait d'ailleurs de cette « ultrarégulation » l'une des grandes raisons de notre désindustrialisation. « Cette optimisation poussée à l'extrême, avec des zones régulées à hauts coûts de production, a poussé les industriels à aller produire ailleurs, où les coûts sont bien plus bas, analyse-t-elle encore. C'est d'autant plus tentant qu'importer ensuite, c'est-à-dire rapatrier ce qu'on est allé produire ailleurs, est devenu facile, et présenté positivement puisque cela contribue au commerce mondial et donc à l'expansion économique d'autres pays, notamment émergents. De fait, par glissements successifs, les productions ont été délocalisées ailleurs et se sont effondrées en France. » Le plus fort de la saignée a eu lieu, selon la ministre, entre 1995 et 2015, avec une baisse de 20 % au global des activités françaises, et jusqu'à 40 % pour le seul secteur de l'industrie. Plus d'un million d'emplois industriels auraient été alors perdus. « On fait tout depuis 2017 pour inverser la tendance. Mais si on se retrouve à nouveau avec un déficit de compétitivité du fait d'une énergie chère, la machine s'arrêtera une fois encore. »

Si l'on comprend bien, il faudrait donc lâcher un peu la bride aux entreprises sur le volet réglementaire. Nucléaire compris. Et leur permettre de redevenir plus attractives, en reconnectant notamment les jeunes générations (et en particulier des femmes) avec un environnement industriel qui leur apparaît très austère. Encore plus lorsqu'il s'agit de nucléaire, dont l'image a été sérieusement écornée ces vingt dernières années. « Nous mettrons en avant le fait que le nucléaire, adossé au renouvelable, va contribuer à la décarbonation de notre économie, explique-t-on au cabinet d'Agnès Pannier-Runacher. Et représente donc un atout majeur dans la transition énergétique. »

Il n'empêche… Si l'argent est le nerf de la guerre pour relancer le nucléaire, la formation en sera le muscle. Après un trou d'air de plus de vingt ans, il faut redémarrer d'urgence la machine. À l'université d'été du Medef, en août 2022, Jean-Bernard Lévy, alors encore P-DG d'EDF, expose la situation sans langue de bois : « On nous a dit : "votre parc nucléaire va décliner, préparez-vous à fermer des centrales" […]. On n'a donc pas embauché des gens pour en construire d'autres, on a embauché des gens pour en fermer. Résultat, on manque d'équipes formées. » Pour la petite histoire, le groupe a fermé sa dernière école de formation en interne en 2017. De nouvelles écoles voient le jour, comme Hefaïs, en hommage au dieu grec de la métallurgie et des volcans Héphaïstos, qui forme depuis la rentrée 2022 à Cherbourg-en-Cotentin (Manche) des soudeurs hautement qualifiés.

En avril 2023, le Gifen publie une étude dans laquelle un état des lieux des besoins est dressé. Le Groupement des industriels français de l'énergie nucléaire est une fédération professionnelle créée en 2018, qui regroupe plus de 400 entreprises du secteur. Le document fait état de 10 000 à 15 000 postes à pourvoir chaque année jusqu'en 2030 minimum. Pas simple. Avec un taux de chômage à l'époque qui tourne autour de 7 %, le marché du travail se trouve déjà en forte tension. Et le nucléaire, il faut l'avouer, ne fait plus trop rêver. « Même si les filières de formation existent, encore faudra-t-il réussir à les remplir, reconnaît-on dans l'entourage d'Agnès Pannier-Runacher. Pour des métiers aux compétences ultra-spécifiques, comme technicien de maintenance, soudeur, chaudronnier ou encore robinetier, qui manquent aujourd'hui cruellement. »

Courant mai 2023, sur la base des conclusions du Gifen, c'est au tour de l'Université des métiers du nucléaire de présenter son plan d'action. Une première édition nationale de la Semaine des métiers du nucléaire a déjà été organisée en mars, en partenariat avec Pôle emploi. Un événement voué à se répéter régulièrement. Un audit externe est également prévu par l'État, sous la houlette du délégué interministériel au Nouveau Nucléaire, Joël Barre, ancien patron de la direction générale de l'Armement, pour valider et éventuellement compléter la planification. « L'objectif est d'être prêt pour la rentrée 2023, précise-t-on encore au ministère. Les besoins de recrutement se feront réellement ressentir à partir de 2027, au moment des premières coulées de béton à Penly. » Dès 2030, le chantier devrait en effet employer 7 500 personnes.

La charrue avant les bœufs

Mais peut-on envisager de construire de nouveaux réacteurs sans avoir résolu certains problèmes du nucléaire actuel ? « La filière doit effectivement apporter des réponses convaincantes sur les questions du stockage des déchets et le démantèlement, estime encore Fatih Birol. Ainsi que sur l'approvisionnement en uranium, qui dépend aujourd'hui d'un trop petit nombre de pays, notamment le Kazakhstan. Et puis attention, il suffirait d'un seul incident un peu sérieux dans une centrale pour tout remettre en question. » Ce qui a failli se produire peu de temps après l'invasion de l'Ukraine par les troupes russes, comme nous l'avons vu au début de cet ouvrage. Pour la première fois, une centrale, celle de Zaporijia, la plus puissante d'Europe, a été utilisée comme arme potentielle de guerre. « C'est un événement qui a suscité évidemment beaucoup d'inquiétude, reprend le directeur général de l'AIE. Cela montre combien la Russie ne s'impose aujourd'hui aucune limite. J'espère qu'elle ne tentera rien qu'elle pourrait regretter par la suite. »

Autre dossier : le financement. Car le coût des deux chantiers – la construction de nouveaux réacteurs et le maintien en état des existants – sera lui aussi pharaonique : 60 milliards d'euros au moins pour le premier ; et 100 milliards pour le second, selon un rapport de la Cour des comptes de 2012, dans le cadre du programme « grand carénage » actuellement en œuvre. Pour les nouveaux réacteurs (à Penly donc, mais également pour les deux autres paires sur les sites de Gravelines dans le Nord, et sans doute Tricastin ou Bugey dans la vallée du Rhône), plusieurs pistes sont à l'étude. EDF, et donc l'État, qui a repris en 2023 les 100 % du capital, assurera une partie du financement au travers d'emprunts bancaires. Mais cela ne suffira pas.

Le privé pourrait être également sollicité, même si l'idée n'enchante pas le gouvernement pour le moment. Dans le cadre de ses nouvelles activités de fourniture d'électricité, Patrick Pouyanné, le patron de TotalEnergies, a ainsi évoqué une éventuelle participation sur l'un des sites en échange d'un « droit de tirage », c'est-à-dire la possibilité de racheter à prix préférentiel des mégawattheures d'électricité. Le Livret A fait également l'objet de convoitises. Une partie des quelque 350 milliards d'euros que représente l'épargne constituée grâce au placement favori des Français – aujourd'hui essentiellement consacrée au logement social et à des projets de transition énergétique des collectivités – pourrait ainsi être détournée de ses fonctions premières pour financer le Nouveau Nucléaire. Autre piste enfin, évoquée lors de réunions interministérielles, mais politiquement considérée comme hautement inflammable : la création d'une nouvelle ligne de prélèvement sur les factures d'énergie des Français. Un conseiller l'avoue : « Là, on jouerait carrément avec le feu. »

EDF revient à 100 % dans le giron de l'État

Le 19 juillet 2022, l'annonce par l'État des modalités de la prise de contrôle à 100 % d'EDF (il en détenait jusque-là un peu plus de 84 %) en a fait sursauter plus d'un. Mais il n'existait selon l'exécutif pas d'autres solutions pour reprendre la main. L'opération est financée par emprunt et pèsera donc sur la dette publique. Avec la mise à niveau des centrales actuelles (maintenance, grand carénage, résolution des problèmes de soudure...), le chantier de l'EPR de Flamanville ou encore la construction de trois nouvelles paires de réacteurs (sans parler du projet de quatre paires supplémentaires), l'État devra à terme débourser *a minima* quelque 150 milliards d'euros. Et encore, à condition que les budgets soient tenus. Ce qui n'est pas garanti.

Premier écueil, le rachat des 16 % d'actions manquantes. Les pouvoirs publics ont déjà prévu d'y consacrer 9,7 milliards d'euros, soit 12 euros par action. Sauf que les actionnaires rejettent cette estimation. Le 18 juillet 2022, la veille donc de la présentation du projet, une partie d'entre eux a annoncé son intention de mener une action en justice contre l'État. Deux syndicats, la CGT et FO, mais également l'association Énergie en actions, qui représente les 100 000 actionnaires-salariés du groupe, ainsi que l'Association de défense des actionnaires minoritaires (Adam), menée par sa présidente Colette Neuville, jugent le prix de l'action trop faible. Ils reprochent à l'État de l'avoir fait plonger, du fait d'une succession de choix stratégiques erratiques. « L'État, pour des raisons politiques, a pris des décisions contraires aux intérêts de l'entreprise (fermeture de Fessenheim, fourniture massive d'électricité à bas prix à ses concurrents, contrôle des prix, etc.) qui ont plombé le cours de l'action. Les actionnaires n'ont pas à faire les frais de cette schizophrénie gouvernementale », explique Colette Neuville dans une lettre adressée au gendarme de la Bourse, l'Autorité des marchés financiers, et à EDF.

« L'association Énergie en actions annonce introduire une plainte pénale avec constitution de partie civile contre l'État en tant qu'actionnaire majoritaire d'EDF pour mise en difficulté de l'entreprise au mépris de l'intérêt social de celle-ci et des intérêts de ses actionnaires minoritaires, du fait de décisions inconsidérées et spoliatrices », indique l'association dans un communiqué. Selon elle, « la gravité des dommages infligés à l'entreprise s'illustre dans la chute vertigineuse de la valeur de l'action, dont le cours est passé de 32 euros lors de l'ouverture du capital au public fin 2005 à 7,40 euros au moment de la déclaration le 6 juillet 2022 par la Première ministre que le gouvernement souhaitait détenir 100 % du capital d'EDF ». L'association ne s'en tient pas là et pointe également « l'augmentation non moins vertigineuse de l'endettement ».

Problème : le montant réclamé par l'association Énergie en actions ferait plus que doubler la facture, pour lui faire dépasser les 25 milliards d'euros. Soit peu ou prou (on n'est plus à 3 milliards près) ce que l'État a ponctionné (22 milliards) depuis dix-sept ans dans EDF en dividendes, vente d'actions et impôts sur les dividendes. Un jour après la prise de parole des associations, l'État expose donc son plan. Il sera bien financé par une série d'emprunts sur les marchés, explique-t-on au ministère de l'Économie. Ces derniers s'élèvent déjà à 260 milliards d'euros pour la seule année 2022. Mais en quelques mois, ils bondiront encore de plusieurs milliards, du simple fait de la remontée des taux d'intérêt.

La facture ne s'arrête évidemment pas là. S'ajoutent en effet différents autres projets aux budgets eux aussi pharaoniques. Le prolongement de la durée de vie des réacteurs actuellement en fonctionnement, ce que l'on appelle « le grand carénage », coûtera selon la Cour des comptes 100 milliards d'euros supplémentaires. Le lancement de la construction de six nouveaux EPR ? 65 milliards. Auxquels on peut également ajouter les deux EPR de Hinkley Point en Grande-Bretagne (37 milliards d'euros prévus en 2023, contre 18 milliards initialement). « Cela fait *a minima* 17 milliards d'euros par an en besoins d'investissement, résume un administrateur du groupe. Or les comptes d'EDF sont plombés par une dette colossale. » De 43 milliards début 2022, cette dette est passée à 65 milliards un an plus tard, du fait notamment du surcoût des travaux de maintenance sur un certain nombre de réacteurs, notamment la quinzaine touchée par des problèmes de corrosion sous contrainte.

Le jeudi 8 juin 2023, l'État reprend officiellement l'intégralité du capital du géant de l'électricité. Coût de l'opération pour les finances publiques : 10 milliards d'euros. Pendant dix-sept ans et un peu plus de six mois, le groupe a pu profiter d'une (relative) liberté, mais qui au final ne lui aura que peu profité. « Le premier objectif pour l'État, c'est le contrôle, analyse Alexis Gléron, à la tête d'Augmented Energy, fournisseur de solutions pour les entreprises du secteur[1]. En s'émancipant de la Bourse, cela permet de diminuer le niveau de transparence. Certaines

1. Entretien le 7 juin 2023.

informations financières, pas forcément les plus valorisantes pour le groupe, pourront désormais ne pas être divulguées[1]. » Une analyse que partage Nicolas Goldberg, du cabinet Colombus Consulting. « Il est indéniable que l'État aura les mains plus libres, estime-t-il. Terminées, les assemblées générales où des actionnaires, certes minoritaires mais audibles, souvent des salariés d'ailleurs, pouvaient faire entendre une voix discordante. » Et l'expert de citer l'exemple de TotalEnergies, où certains petits actionnaires font chaque année des propositions de résolutions radicales contre les énergies fossiles. « Bien entendu, ça n'aboutit que rarement, observe-t-il. Mais ça a le mérite de mettre des sujets sur la table. Désormais, il n'y aura plus aucune chance que ça arrive chez EDF. »

Autre levier sur lequel la renationalisation d'EDF va jouer : le financement. « Avec l'État à 100 % derrière, EDF sera en théorie en mesure d'emprunter à des taux plus avantageux », reprend Alexis Gléron. Même si les agences de notation ne lui feront pas de cadeaux. Standard & Poor's a ainsi maintenu en décembre dernier sa note BBB, estimant que le groupe se trouvait toujours en « solvabilité moyenne », complétant néanmoins d'une « perspective stable » grâce au contexte de relance du nucléaire voulue par le gouvernement.

1. Propos recueillis le 7 juin 2023.

« Ce renforcement des liens entre l'État et EDF devrait permettre de ne pas dégrader la note du groupe », anticipe de son côté Anne Grammatico, directrice associée chez Scope Ratings, une agence européenne de notation basée à Berlin [1]. De quoi – espère la direction – pouvoir emprunter pour faire face au mur d'investissements qui l'attend dans les années à venir.

On démantèle, mais pas des centrales

Il est un chantier que l'État tente de lancer, en parallèle de la reprise en main d'EDF, sans toutefois parvenir (pour le moment) à ses fins : celui de la déconstruction de l'Institut de radioprotection et de sûreté nucléaire (IRSN). Le 8 février 2022, le gouvernement annonce en effet son intention de supprimer cette instance de contrôle des politiques nucléaires, ou du moins de la fusionner avec l'ASN. La manœuvre n'émeut pas plus que ça le grand public. L'impact à plus long terme serait pourtant loin d'être négligeable.

L'IRSN a été créé en 2002, avec l'idée de constituer une instance experte sur les questions du risque nucléaire. Son mode de financement, provenant directement du budget de la recherche publique, lui permettait d'avoir une stricte indépendance vis-à-vis des décideurs et des promoteurs de la

1. Propos recueillis le 7 juin 2023.

technologie, notamment des opérateurs comme EDF ou, à l'époque, Areva. De quoi fournir à l'ASN une solide expertise technique sur laquelle elle puisse appuyer ses décisions.

Mais alors pourquoi déconstruire si brutalement, et seulement vingt ans après sa création, un institut qui a su apporter toutes les preuves de sa pertinence et de son efficacité ? À l'époque, Agnès Pannier-Runacher explique qu'il s'agit de renforcer « l'indépendance et la transparence du système de sûreté nucléaire français » mais également « les compétences et la puissance d'action de l'ASN », tout en améliorant « l'attractivité des métiers de la sûreté nucléaire ». Les liens qu'établit la ministre ne semblent pas toujours évidents, mais soit.

Les syndicats, opposés à la réforme, accusent au contraire le gouvernement de vouloir « supprimer en quarante jours un organisme qui a mis quarante ans à être construit ». L'IRSN est issu de deux entités, d'un côté l'Office de protection contre les rayonnements ionisants, qui était chargé de la radioprotection ; et de l'autre l'Institut de protection et de sûreté nucléaire, rattaché au Commissariat à l'énergie atomique à l'époque, doté d'une gouvernance propre et d'un directeur, mais pas autonome. Un organisme qui, toujours selon eux, permettait de garantir la crédibilité du système nucléaire français, en séparant l'expertise et la décision.

« Au moment de l'annonce de la réforme, le gouvernement ne produit aucun argument concret pour la justifier, dénonce Yves Marignac, consultant sur le nucléaire et la transition énergétique au sein du groupe négaWatt. Aucun cas de dysfonctionnement, ou de simple problème de fonctionnement du système de gouvernance actuel n'est d'ailleurs avancé. Pire, les objectifs affichés de cette réforme, et les principes auxquels le gouvernement se dit attaché, sont dans l'ensemble bien plus remis en cause que confortés par les modifications proposées. » Et l'expert de s'interroger sur les motivations réelles qui se cachent derrière cette mesure : « Dans un contexte marqué par la marche forcée du gouvernement pour relancer le programme nucléaire, avec des objectifs de prolongation toujours plus poussée de la durée de vie des réacteurs existants et de construction le plus vite possible de nouveaux réacteurs de différents types, la volonté est claire, et même assumée, analyse-t-il. Il s'agit de sécuriser juridiquement, comme le dit l'exposé des motifs du projet de loi d'accélération du nucléaire, la mise en œuvre de ces objectifs[1]. »

Mais alors, quel rapport entre la sécurisation de la relance du nucléaire et le démantèlement de l'IRSN ? L'une des clés se trouve peut-être dans l'expression « fluidifier les processus d'examens » de la ministre, tout comme dans l'intitulé de la loi sur l'« accélération du nucléaire ». Il s'agit

1. Entretien le 13 mars 2023.

bien d'aller vite, de ne plus attendre. Au nom de l'urgence climatique, soulignent les défenseurs de la filière, mais sans doute également de cette nécessité de reprendre la main sur le savoir-faire, l'expertise, la formation, le recrutement, etc. Bref, tout ce qui manque aujourd'hui et qui nourrissait l'excellence française dans le domaine dans les années 1970 et 1980.

L'IRSN est vue comme un « empêcheur de tourner en rond[1] » – pour reprendre l'expression, lâchée pratiquement comme un lapsus, par un membre d'un cabinet ministériel lors d'un échange téléphonique – et ses avis sont publics et indépendants. Ils risquent donc de polluer le débat, de brouiller les pistes, dans une communication gouvernementale aujourd'hui réglée au mot près. « Cette publication des avis est pourtant inscrite dans la loi depuis 2015, rappelle Yves Marignac, dans des termes proposés conjointement par l'ASN et l'IRSN dans une note de 2014. Elle est aujourd'hui constitutive du bon fonctionnement du système, et de la transparence sur la séparation duale des fonctions de recherche et d'expertise d'une part, et de décision d'autre part. »

L'épisode, qui pourrait sembler anecdotique, d'une tentative avortée de ramener dans le droit chemin un institut jugé indocile, souligne le caractère précipité que prend parfois la politique

1. Le 13 mars 2023.

énergétique actuelle. Certes, et cela a déjà été rappelé à plusieurs reprises dans les premiers chapitres de cet ouvrage, l'urgence climatique ne peut souffrir certains atermoiements. Il convient néanmoins de ne pas confondre vitesse et précipitation. Surtout dans un sujet qui nous engage pour les décennies à venir. Tenter de museler une instance qui joue un rôle de garde-fou indispensable à la bonne conduite de la sûreté nucléaire, c'est comme alléger la présence des forces de l'ordre sur les routes au moment des grands départs en vacances en croisant les doigts pour qu'il n'y ait pas plus d'accidents. Dans cette histoire, qui est malheureusement loin d'être terminée, les principes mêmes de la démocratie, dont les fondamentaux reposent sur la transparence justement, ont été dévoyés pour des objectifs purement politiques, idéologiques et économiques.

Hinkley Point, le chantier de toutes les attentions

En attendant de trouver des réponses aux questions posées ci-dessus, d'autres chantiers suivent leur cours, avec plus ou moins de succès. Celui d'Olkiluoto en Finlande semble enfin terminé puisque la mise en production a été effectuée en avril 2023, en espérant que de nouveaux problèmes n'entravent pas sa production, quand Flamanville continue de se battre contre de multiples malfaçons. Et il en est un néanmoins qui semble bon an mal an suivre son cours : celui de Hinkley Point.

Arrêtons-nous quelques instants sur ce chantier titanesque, le plus vaste d'Europe en ce premier quart de XXIe siècle. Une visite le 27 avril 2023, en compagnie de la ministre de la Transition énergétique, Agnès Pannier-Runacher, de Luc Rémont et Xavier Ursat, respectivement P-DG et directeur du Nouveau Nucléaire d'EDF, a permis de se faire une idée de son avancée. La première des deux cuves sous pression, sorte de gigantesque Cocotte-Minute de 500 tonnes, venait d'être livrée par la mer deux mois auparavant, en février, directement de l'usine Framatome de Saint-Marcel (Saône-et-Loire). Elle avait pour cela emprunté le Rhône à bord d'une barge, direction Fos-sur-Mer, avant de passer le détroit de Gibraltar par bateau, pour rejoindre Bristol, et terminer les derniers kilomètres sur la route cette fois, en convoi spécial. À terme, cette cuve de 13 mètres de long équipera le premier réacteur. La seconde, elle, n'est pas attendue avant octobre 2024.

À Hinkley Point, 9 000 ouvriers s'affairent de jour comme de nuit, et en toute saison. La pluie, le froid ou le vent font intégralement partie du décor. Ils savent que le temps presse. Par quatre fois depuis son lancement en septembre 2016, le délai et le coût de cet incroyable projet, censé fournir 7 % de toute l'électricité consommée en Grande-

Bretagne, ont été revus à la hausse. L'investissement (entièrement en fonds propres, assumés par EDF et à 33,5 % par le chinois CGN) atteint au printemps 2023 32,7 milliards de livres sterling (environ 37 milliards d'euros), contre 18 milliards initialement. La première tranche ne sera pas mise en service avant juin 2027 *a minima*. Ce sont les premiers réacteurs nucléaires à être construits sur le sol britannique depuis plus de trente ans. Il n'empêche…

Chacun a en tête les difficultés rencontrées à Flamanville ou Olkiluoto. Mais à Hinkley Point, on préfère mettre en avant le succès des deux EPR de Taishan en Chine, dont les cahiers des charges originels ont été respectés, avec une mise en service dans les temps, en 2018 et 2019. Ici, en Europe, personne n'a envie de revivre ces expériences industrielles compliquées. « Il est important pour la France de montrer qu'elle est capable de finaliser des chantiers de réacteurs », explique Agnès Pannier-Runacher pendant la visite.

Résultat, de ce côté-ci du Channel, c'est toute la filière nucléaire qui scrute avec la plus grande attention la progression du chantier britannique. S'il avance sans trop de problèmes, ce sera la nouvelle vitrine d'un savoir-faire retrouvé. Et le lancement des trois nouvelles paires de réacteurs prévues par le gouvernement pourra se faire dans une relative sérénité. D'abord à Penly en Normandie, près de Dieppe (Seine-Maritime), à partir de 2027, puis Gravelines (Nord), et enfin dans la vallée du Rhône, sur un site déjà existant, probablement à Bugey (Ain) ou Tricastin (Drôme). Avec ensuite une option ouverte de quatre autres paires. Un autre projet franco-britannique de taille se trouve également en cours d'étude : la construction de deux EPR 2 à Sizewell dans le Suffolk, sur la côte est de l'Angleterre. En novembre 2022, le gouvernement britannique avait d'ailleurs annoncé avoir mis sur la table un premier financement de 700 millions d'euros, et cherche d'autres investisseurs pour compléter la mise à plus de 20 milliards de livres.

Mais attention, si, au contraire, la conduite du chantier de Hinkley rencontre elle aussi des déboires à répétition, ce sera une autre paire de manches. « Nous sommes actuellement dans une phase charnière de ce chantier, détaille lors de la visite Luc Rémont. On termine le génie civil, et on va intégrer les équipements électromécaniques afin que l'usine prenne corps. Il peut y avoir encore des aléas, mais on a une visibilité de plus en plus précise du calendrier, qui est très serré. »

Nucléaire dans le monde, déclin ou *come-back* ?

Alors, 2022, l'année du paradoxe ? Non, ce n'est pas un calendrier chinois revisité, mais l'expression d'une curieuse contradiction : d'un côté, la France, ou du moins son gouvernement, prône une relance à marche forcée du nucléaire ; de l'autre, le reste du monde fait le choix inverse, en modérant la part de sa production à base d'atome au profit du renouvelable. En 2022, cette part est en effet passée pour la première fois depuis quarante ans sous les 10 % (contre, nous l'avons vu, 69 % en France), selon l'édition 2022 du *World Nuclear Industry Status Report*. Une tendance qui devrait se confirmer dans les années à venir.

Depuis quelques années, les sommes investies dans le nucléaire ont ainsi représenté dans le monde moins de 10 % de celles dirigées vers les nouvelles énergies renouvelables. Conséquences : depuis les années 2000, le nombre de fermetures de réacteurs tend à être supérieur à celui des ouvertures. Avec 98 raccordements au réseau depuis 2002, *versus* 105 fermetures. Et encore, la moitié de ces ouvertures a été opérée en Chine, qui malgré tout investit encore davantage dans le renouvelable. En 2010, la production chinoise d'électricité d'origine nucléaire était au même niveau que celle d'origine renouvelable (hors hydraulique). Désormais cette dernière s'avère trois fois supérieure, principalement portée par l'éolien. Sur les trente-trois pays dotés de centrales nucléaires, quinze seulement – dont la France, la Chine, l'Inde, les États-Unis, le Japon ou encore la Russie – ont lancé un programme de construction de nouveaux réacteurs. Ainsi, juste pour maintenir la puissance installée actuelle, il faudrait environ douze nouvelles mises en service de réacteur chaque année, soit plus du double du rythme actuel.

À moins que la solution ne provienne de la fusion. À ne pas confondre avec la fission nucléaire, qui est le processus actuellement utilisé dans nos réacteurs. Cette dernière produit de l'énergie grâce à la division d'un atome lourd (et instable) en deux atomes légers, lorsqu'il est percuté par un neutron. Une réaction en chaîne peut s'ensuivre (d'où l'importance de contrôler parfaitement le déroulement). Alors que la fusion décrit le phénomène exactement inverse : deux atomes légers fusionnent pour constituer un plus gros atome. Contrairement à la fission, l'énergie de fusion en est encore au stade expérimental. Sa mise en application s'avère bien plus complexe, du fait de la nécessité de réunir des conditions extrêmes de pression et de température. Elle s'apparente en effet à la réaction nucléaire qui alimente le cœur des étoiles, comme notre soleil, d'où le nom d'« énergie des étoiles ». Reproduite en laboratoire, la fusion requiert un confinement de chaleur de plus de 150 millions de degrés. Les réacteurs utilisés doivent donc à la fois éviter que les parois ne fondent, tout en maintenant la fusion le plus longtemps possible. Les revers ont été nombreux depuis que le secteur mène ses recherches, au point de devenir une sorte de serpent de mer de la transition énergétique.

Mais le défi technique est à la hauteur de son potentiel : à quantité égale, la fusion nucléaire permettrait de produire quatre millions de fois plus d'énergie que les produits fossiles – pétrole, gaz et charbon – et théoriquement quatre fois plus par kilogramme de combustible que la fission. Le tout en étant décarbonée, très abondante et en ne produisant pratiquement pas de déchets (en tout cas aucun déchet radioactif de haute activité à vie longue, les plus dangereux). Rien que ça. Sans compter qu'avec la fusion, le risque d'accident nucléaire n'existe pas. En cas de problème, le plasma contenu dans un réacteur à fusion nucléaire est refroidi en quelques secondes et les réactions sont interrompues. Aucun risque d'emballement donc, comme à Tchernobyl ou à Three Miles Island aux États-Unis.

Les premières recherches sur la fusion nucléaire ont débuté dans les années 1920 en Angleterre, avant que cinq autres pays ne lui emboîtent le pas après la Seconde Guerre mondiale : les États-Unis, l'URSS, la France, l'Allemagne et le Japon. Devant l'ampleur de la tâche, les difficultés techniques rencontrées et l'importance des investissements nécessaires, une collaboration internationale inédite s'est mise en place dans les années 1980, au point que les deux superpuissances américaine et soviétique ont trouvé un accord au sommet de Genève de 1985 (la guerre froide n'est même pas encore complètement terminée) pour travailler désormais main dans la main. Ce rapprochement trouve une application concrète dans le projet Iter, qui se développe en France, à Cadarache, sur la commune de Saint-Paul-lès-Durance, dans les Bouches-du-Rhône. Coût initial : 20 milliards d'euros. Trente-cinq pays au total y sont associés. Si la France a pour le moment quelque peu levé le pied sur les subventions, face aux nombreux retards et surcoûts du projet, les Américains continuent d'investir. En 2022, leur gouvernement a encore versé 280 millions de dollars au programme national de développement via l'Inflation Reduction Act. Plusieurs grands entrepreneurs privés, et non des moindres, s'intéressent également à la technologie : Jeff Bezos, Bill Gates ou encore George Soros ont ainsi investi dans des jeunes pousses du secteur. À Cadarache, l'objectif est désormais de produire un premier plasma autour de 2030. Mais de nombreux experts s'accordent à dire qu'une utilisation industrielle de cette technologie ne devrait pas intervenir avant « au moins » le milieu du siècle.

III.
ÇA COMMENCE AUJOURD'HUI…

Le renouveau du renouvelable

Si le nucléaire semble connaître des destins différents en fonction des pays, il est une énergie qui, elle, fait l'unanimité, sur le papier du moins : le renouvelable. Quand bien même la crise énergétique de 2022 aurait bousculé quelque peu les calendriers. « À court terme, la consommation de charbon, notamment pour la production d'électricité, a réaugmenté, confirme Fatih Birol, le directeur exécutif de l'Agence internationale de l'énergie. Mais ne nous méprenons pas, ce sursaut est transitoire. À plus long terme, je pense que cette crise jouera au contraire un rôle d'accélérateur dans le renouvelable. Dans dix ans, on regardera en arrière et 2022 symbolisera, je l'espère, une année charnière, où les énergies propres ont véritablement pris leur essor. Elles ont encore progressé de presque 13 % en un an. Et il se vend désormais plus de pompes à chaleur que de chaudières au gaz. »

Un bon début, mais pas suffisant, tranche Nicolas Goldberg, de Colombus Consulting : « Même si on lance la construction des nouveaux EPR, il faut absolument passer la vitesse supérieure dans la sobriété et le renouvelable, estime-t-il. Même avec 14 EPR de plus d'ici à 2050, ce qui entre parenthèses est un objectif très ambitieux, on atteindra 20 % de l'électricité dont on aura besoin. Il ne faudrait pas que le retour de l'atome masque le fait qu'on a besoin de tout le reste, et qu'on en a besoin vraiment. On parle beaucoup d'un renouveau du nucléaire. Mais cela reste un petit renouveau. »

Un attentisme coupable

Dans ce secteur, la France se distingue radicalement des vingt-six autres membres de l'Union européenne. Elle est en effet la seule à ne pas avoir atteint ses objectifs en matière d'énergie renouvelable. Son pic d'investissements date… de 2010. En dépit des 120 milliards d'euros déjà dépensés (à comparer aux 200 milliards qu'a coûté la construction du parc nucléaire actuel), le pays n'a pas été en mesure de répondre à la demande de l'Union européenne, traduite dans le droit français via la loi de programmation pluriannuelle de l'énergie (PPE) de 2018.

Fin 2023, notre seul parc éolien aura atteint 22 GW, quand il aurait dû être de 24,1 GW. Idem pour le parc photovoltaïque avec un peu plus de 16 GW, pour un objectif initial de 20,1 GW. Globalement, la France accuse donc un sérieux retard, avec seulement 20 % de la production finale brute issue des renouvelables, alors que l'objectif était fixé à 23 % pour… 2020. « La progression actuelle n'est pas en phase avec le rythme demandé par la programmation pluriannuelle de l'énergie », pouvait-on lire en janvier 2023 dans le « baromètre » de l'observatoire des énergies renouvelables, Observ'ER, qui se base sur des chiffres officiels fournis par EDF, Enedis et autres. Sont en cause la complexité administrative, la contrainte spatiale ou encore le défaut d'acceptabilité des projets.

William Arkwright, le directeur général d'Engie Green, la filiale renouvelable d'Engie, y va de ses calculs. « La PPE, complétée par le discours d'Emmanuel Macron à Belfort en 2022, avait même fixé un objectif de 100 GW de solaire d'ici à 2050, rappelle-t-il, à comparer aux 250 à 280 GW préconisés par RTE pour assurer l'équilibre de production. On en aura bientôt fait en gros 20 GW, il nous restera donc 80 GW à installer. La moitié peut se faire sur des sites anthropisés, c'est-à-dire déjà aménagés pour une activité économique, industrielle. » Il faut aller chercher, selon cet expert, du côté des 25 millions d'hectares de terres agricoles et 17 millions d'hectares de forêts. Forêts qui, on ne le dit pas assez, gagnent du terrain, à raison de 80 000 hectares supplémentaires par an. « Là-dessus, il y a un vivier, affirme-t-il. Pour atteindre les objectifs, il suffirait de monopoliser 0,045 % de la totalité de la surface forestière française, et 0,035 % de la surface agricole. On peut y arriver, et de manière intelligente, pas invasive. »

Le parcours du combattant

Le premier obstacle est, sans grande surprise, administratif. La loi d'accélération du renouvelable publiée en 2023 n'a été qu'une énième tentative de simplification du traitement des dossiers par les administrations concernées. Nécessaire peut-être, mais risquée sur le plan de l'acceptabilité par la population. Et malheureusement pas suffisante. D'autant qu'elle rate en partie son objectif. « En l'état, cette loi lève effectivement quelques verrous réglementaires, par exemple sur l'éolien en mer, constate Audrey Zermati, la directrice de la stratégie d'Effy. Mais d'autres subsistent, quand ils ne sont pas paradoxalement renforcés. Par exemple, sur l'éolien terrestre, les maires qui ne voudront pas de l'implantation d'un parc pourront encore plus facilement qu'avant s'y opposer. Quant au solaire diffus [en toiture sur les logements ou les bâtiments, par opposition aux fermes de panneaux], il est carrément laissé de côté. Alors que là aussi des verrous existent. »

L'aspect économique va constituer le deuxième obstacle à l'essor du renouvelable. Car, comme la plupart des investissements dans la production d'énergie, la mise au pot de départ s'avère extrêmement élevée pour les installations, les capacités de stockage ou encore la connexion aux réseaux : au moins 15 milliards par an pour la prochaine décennie, pour des coûts d'exploitation initiaux ridiculement bas, et une perspective de retour sur investissement loin d'être immédiate. Il faut donc un certain courage, politique et entrepreneurial, pour se lancer dans l'aventure. Ce qui implique une vision stratégique et une capacité de trancher, qui ont manqué cruellement jusqu'ici.

L'idéologie en place s'impose comme le troisième obstacle. « On est, particulièrement en France, dans une culture énergétique jacobine et centralisatrice, analyse un acteur important du secteur, qui a requis l'anonymat. Or, par essence, les énergies renouvelables, c'est décentralisé. On est également dans une culture de l'ingénieur, de la science et du savant. Et ces mêmes énergies démocratisent le savoir, puisque installer un panneau solaire sur un hangar ne demande pas des compétences de dingue. Et ça, de façon assez paradoxale, ça ennuie pas mal de monde. » Avec le renouvelable, l'État et les grands acteurs du secteur de l'énergie perdent en effet la main sur une partie de la production d'énergie. « C'est un vrai problème, rebondit Audrey Zermati. On le voit bien par exemple avec le solaire diffus, celui qu'on installe sur les toits des maisons ou des bâtiments. Là, ce sont les citoyens qui produisent. Et ce qui sort de leur panneau, c'est toujours de l'électricité en moins qu'ils achèteront aux grands producteurs. »

Le quatrième obstacle se matérialise par une crainte : celle de voir le réseau durablement se fragiliser. « Comment je finance mes réseaux si une grosse partie des consommateurs, devenus autoconsommateurs, ne se retrouvent plus que dans une logique assurantielle, c'est-à-dire qu'ils n'utilisent le réseau que dans les moments où ils ne peuvent pas produire eux-mêmes, la nuit, par temps nuageux, ou en l'absence de vent ? interroge Audrey Zermati. Devra-t-on les taxer ? Au risque de fragiliser l'équilibre économique qui fait de l'autoconsommation son attractivité aujourd'hui ? »

William Arkwright partage ces questionnements sur la possible fragilisation du réseau : « La décentralisation a comme corollaire le poids qu'on met au développement et à l'extension du réseau, alerte-t-il. Ce dernier matérialise la solidarité nationale dans l'énergie. Il permet de la diffuser partout dans le pays, quelle que soit la situation géographique, et mieux que tout, au même prix, ce qu'on appelle le principe de la péréquation tarifaire. Si moins de monde utilise le réseau, c'est moins d'argent mis dans son entretien et sa maintenance. Son utilité sera pourtant toujours aussi forte. »

Audrey Zermati ose un parallèle : « Taxe-t-on les carottes qu'on fait pousser dans son jardin parce que cela fragilise le marché qui les vend sur ses étals ? Il faut être transparent avec le consommateur pour qu'il comprenne ce qu'il paie. Et être cohérent sur ce qu'on taxe et ce qu'on finance. Si on répercute un jour vraiment le coût de l'énergie, ce qui est politiquement très difficile à porter, il faudra bien expliquer pourquoi et les choix qui s'offrent. Sinon la pilule ne passera pas. »

À quand un vrai champion national ?

Un cinquième obstacle ? Une absence, surtout. Celle d'un vrai champion national du renouvelable, à l'instar d'un Iberdrola en Espagne, Enel en Italie ou encore de certains équipementiers nordiques pour l'éolien. Chacun des trois grands énergéticiens français, EDF, Engie et TotalEnergies, ont, pour des raisons différentes, connu des retards à l'allumage. Et tentent aujourd'hui d'intégrer le peloton de tête. « Le marché du pétrole va décliner au profit du marché de l'électricité, analyse par exemple Patrick Pouyanné, le patron de TotalEnergies. C'est pour cela que nous avons changé de nom, parce que désormais nous produisons de l'électricité. Fin 2022, nous avions 17 GW de capacité d'énergie renouvelable, éolien et solaire, soit l'équivalent de 6 à 7 réacteurs nucléaires. L'objectif, c'est d'en avoir le double d'ici à fin 2025. »

EDF, de son côté, a longtemps dansé d'un pied sur l'autre entre le nucléaire et le renouvelable, le premier accaparant trop souvent l'attention, et surtout les financements, au détriment du second. Les problèmes de corrosion sous contrainte et de fatigue thermique dans une partie de ses réacteurs, ainsi qu'une dette qui dépasse les 63 milliards d'euros, ne facilitent pas les choses. Mais sa filiale EDF Renouvelables tente aujourd'hui d'imprimer durablement sa marque au sein du groupe, avec notamment des méga-projets dans l'éolien offshore et flottant, ainsi que des expérimentations sur le solaire flottant.

Engie de son côté a doublé la voilure en quelques années, passant d'un rythme de croissance de 3 GW de puissance installée renouvelable par an jusqu'en 2022 à 6 GW à partir de 2025. « Plus 100 % en seulement trois ans, ça donne une idée de la dynamique », s'enthousiasme William Arkwright, qui forcément défend son entreprise. Mais il a quelques arguments : « 60 % de l'ensemble des capitaux du groupe sont directement redirigés dans nos projets, explique celui qui est entré chez Engie en 2012 à la direction de la stratégie. Et heureusement. Car le reste du monde, lui, n'attend pas : 400 GW de capacité de puissance solaire ont été installés aux quatre coins du globe en 2022. Et encore 200 GW en éolien. Vous vous rendez compte ? Rapportés à la puissance du parc électrique français, qui tourne autour de 100 GW, dont 61,4 GW de nucléaire, ce sont des chiffres hallucinants. » Et pourtant…

L'essor du renouvelable continue d'être totalement sous-estimé en France, regrette-t-il : « Les grands groupes producteurs ou distributeurs d'énergie, ou encore pétroliers, sont totalement passés à côté au début car ils ont sous-estimé les perspectives de développement. Même en Allemagne, 90 % des éoliennes du pays ont été installées par des groupements d'agriculteurs. »

Emmanuel Macron ambitionne de porter d'ici à 2050 la puissance installée du solaire d'un côté, et l'éolien en mer de l'autre, à respectivement 100 GW et 40 GW. Mais un quatrième obstacle, de taille lui aussi, se place sur la route du renouvelable : l'acceptabilité. « Nous avons 20 à 25 GW d'éolien terrestre ou solaire actuellement dans les cartons à cause de décisions ou actions attendues d'Enedis, de RTE, des préfets [ou préfectures], ou en justice compte tenu de contentieux locaux, avance l'acteur du secteur cité plus haut. Il n'y a presque qu'à se pencher. Mais pour ça, il faut que ces projets soient acceptés par la population. » Le « *Not in my backyard* » (pas dans mon jardin) fait encore florès, notamment dans les campagnes. « Des erreurs ont peut-être été commises au début, reconnaît William Arkwright, en ciblant mal les zones d'implantation ou en ne fournissant pas d'explications suffisantes. Aujourd'hui, on est davantage responsables. »

Nicolas Goldberg croit lui aussi dans la complémentarité entre le nucléaire et le renouvelable :

« Aujourd'hui, il y a largement de la place pour les deux, estime le consultant de Colombus. D'autant plus si on entend électrifier davantage. On a également pris conscience qu'on ne pourrait pas faire autant d'EPR qu'on faisait de réacteurs de première ou de deuxième génération, il y a vingt ou trente ans. Le plan aujourd'hui, c'est six. Et quand bien même on en ferait quatorze, comme l'a avancé le président de la République, avec une consommation d'électricité à 650 TWh d'ici à 2050, comme le prévoit RTE, ça couvre 20 % des besoins électriques. Et il y a assez peu de risque que le parc nucléaire soit surdimensionné, puisqu'il est déclinant. La part du nucléaire va donc mécaniquement baisser. Et toutes les solutions seront bonnes à prendre. »

Le boom de l'autoconsommation

Revenons un instant sur le quatrième obstacle : le risque de fragilisation du réseau. Les grands producteurs n'ont en effet qu'à bien se tenir : avec la flambée des prix de l'énergie, et malgré la mise en place d'un bouclier tarifaire, la production à domicile de sa propre énergie séduit de plus en plus de Français. Selon Enedis, le distributeur d'électricité, au premier trimestre 2023, plus de 277 000 logements étaient désormais équipés de panneaux solaires. Une augmentation de 150 % en deux ans. Avec des régions particulièrement dynamiques, comme la Bretagne (82 % d'installations de plus en un an), l'Occitanie (+ 72 %), et le Centre-Val de Loire (+ 65 %). À ce rythme, c'est plus de 4 millions de foyers qui pourraient ainsi être convertis à l'autoconsommation d'ici à 2030.

Les raisons de cet engouement ? « Les Français savent que les aides publiques ne dureront qu'un temps, analyse encore Audrey Zermati, et qu'avec la transition énergétique, l'augmentation des tarifs deviendra structurelle, alors ils veulent s'émanciper, au moins en partie, du contexte économique et géopolitique, en produisant eux-mêmes l'électricité qu'ils consomment. » Et ce malgré une inflation qui a touché aussi le matériel. Le prix des seuls panneaux photovoltaïques avec micro-onduleurs intégrés a ainsi bondi de 14 % en 2022. Résultat : l'investissement initial pour une installation comprise entre six panneaux (soit une puissance de 2,3 kilowatts-crête, ou kWc) et vingt-quatre panneaux (9 kWc) oscille désormais entre 8 000 et 20 000 euros. « De quoi néanmoins ramener le prix du kilowattheure (kWh) consommé en moyenne à 9 centimes d'euros sur une période de vingt-cinq ans, soit la durée de vie des panneaux, calcule encore Audrey Zermati. Quand celui acheté normalement à son fournisseur est de 19 centimes. »

Et si grâce à ces panneaux, on produit plus que l'on consomme, EDF rachète l'électricité à un prix encore plus avantageux : un décret l'a fait passer de 10 à 13 centimes. Ainsi, un particulier interrogé en avril 2023 avait constaté, après avoir fait installer des panneaux photovoltaïques sur le toit de sa maison en Seine-et-Marne en juin 2022, une diminution nette de sa facture d'électricité[1]. Celle-ci était passée de 1 640 euros en février 2022, à 1 460 euros un an plus tard. Soit 11 % de moins, et 180 euros d'économies. Et ce malgré deux augmentations des tarifs (+ 4 % au 1er février 2022 ; et encore + 15 % le 1er février de l'année suivante). Sur une année pleine, ce particulier espérait faire encore 10 % d'économies.

Le financement participatif a le vent en poupe

Le consommateur peut donc changer son installation, mais aussi participer à l'établissement de structures industrielles dans le renouvelable, en jouant un peu le rôle de la banque, de façon décentralisée : c'est ce que l'on appelle le « financement participatif » ou *crowdfunding* (ainsi que sa variante, *crowdlending*) : un « échange de fonds entre individus en dehors des circuits financiers institutionnels, afin de financer un projet via une plateforme en ligne », explique doctement le ministère de l'Économie sur son site. Devant l'engouement grandissant de ce type

1. Entretien le 28 avril 2023.

d'investissement auprès de la population, la réglementation a largement évolué et le capital de nombreux chantiers renouvelables est désormais ouvert de façon quasi systématique. Les sociétés qui les portent en font un levier d'acceptabilité. Et les particuliers sont de plus en plus nombreux à l'utiliser. À l'instar du projet Voltaïca en Corse, soit 7 centrales solaires sur les toits de hangars agricoles ou industriels, dont la campagne de financement de 500 000 euros, lancée le 7 avril 2022, avait été bouclée en… 24 heures.

En 2022, pas moins de 320 millions d'euros ont ainsi été levés en France, soit 15 % du total des montants récoltés. Loin encore derrière l'immobilier (1,6 milliard, soit les deux tiers de la collecte globale), il grignote toutefois du terrain, avec une progression de 57 % entre 2021 et 2022 (contre + 30 % pour l'immobilier).

Actuellement, les quatre principaux acteurs sont : Lendosphere, Lendopolis (filiale de la Banque postale), Enerfip et Lumo (filiale de la Société générale). Tous proposent des projets avec des rendements qui laissent rêveurs plus d'un investisseur, particulier ou professionnel. « En 2023, il est en moyenne de 7,04 % chez nous, explique Laure Verhaeghe, cofondatrice et directrice générale de Lendosphere. Depuis notre création en 2014, nous avons levé plus de 200 millions d'euros, sans aucun défaut de paiement, en accompagnant déjà plus de 430 projets renouvelables. » Sur cette seule plateforme, 25 000 investisseurs, des particuliers pour la plupart, ont déjà tenté l'aventure. Les trois quarts n'ont pas hésité à remettre plusieurs fois la main à la poche, pour un ticket moyen de 1 700 euros dévolus en priorité à des projets très locaux. Certains d'entre eux demandent en effet dans leur cahier des charges de résider dans la commune, le département ou la région, pour pouvoir y participer.

Comme celui de Marne et Gondoire (Seine-et-Marne), dont la campagne de financement participatif pour la construction d'un nouveau réseau de chaleur par Dalkia, filiale d'EDF, a duré deux mois, entre avril et mai 2023. Pendant un peu plus de deux semaines, les 109 000 habitants de la communauté de communes ont eu la priorité. Puis à partir du mois de mai, tous les Franciliens ont été autorisés à rejoindre le projet. Objectif : récolter 400 000 euros. Une somme qui pouvait sembler modeste comparée aux 27 millions du budget global, mais l'enjeu n'était pas seulement financier.

Les grands opérateurs d'énergie se sont également emparés du financement participatif, plus pour améliorer l'acceptabilité que pour des raisons financières. « Il faut que les citoyens s'approprient ces projets, reconnaît Catherine MacGregor, la directrice générale d'Engie. Et le financement participatif est un bon moyen[1]. »

1. Entretien le 28 avril 2023.

À Marne et Gondoire, les travaux, commencés en février 2023, s'étaleront jusqu'à l'automne 2025. Les déchets de l'usine d'incinération et du centre de méthanisation, situés à Saint-Thibault-des-Vignes, permettront de chauffer notamment 3 800 logements collectifs, plusieurs collèges et lycées et 16 000 tonnes d'émissions de CO_2 seront ainsi évitées sur vingt-cinq ans, la durée de la concession.

L'option la moins coûteuse

De telles initiatives seront-elles suffisantes pour vaincre la défiance d'une partie de la population, qui juge certains de ces équipements renouvelables trop envahissants ? William Arkwright, le patron du renouvelable chez Engie, en est persuadé : il est possible de construire des complémentarités, en s'appuyant sur l'agrivoltaïsme par exemple (des panneaux solaires installés au-dessus des surfaces agricoles et plantations), pour satisfaire les besoins en production d'électricité à partir du soleil. D'autres pays l'ont déjà compris. Ils font « fleurir » des panneaux un peu partout : sur les dunes des déserts comme aux bords des autoroutes. On les trouve aussi sur le toit des parkings, des entrepôts, des usines ou des hypermarchés. Ils remplacent également peu à peu les tuiles de certaines maisons ou le béton des terrasses d'immeubles. Problème, ils phagocytent parfois des surfaces déjà utilisées ou tout simplement des paysages, entraînant un conflit d'usage : terres agricoles, forêts défrichées, lacs ou barrages hydrauliques. Pas sûr que la vision de William Arkwright fonctionne partout.

Selon l'AIE[1], d'ici à 2027, le solaire pourrait néanmoins totaliser 2 350 GW de puissance installée dans le monde. En volume d'électricité produite, il dépasserait l'hydraulique dès 2024, le gaz naturel deux ans plus tard ; et le charbon en 2027. Illustration de cette progression : sur les 27 000 TWh d'électricité produits (et consommés) aux quatre coins du monde en 2021, 1 000 d'entre eux provenaient de l'énergie solaire. Un volume qui a encore augmenté de 25 % environ en 2022, pour atteindre 1 250 TWh, en dépit de l'augmentation des coûts d'approvisionnement et des matières premières. Le solaire bénéficie du développement du renouvelable, mais aussi de la flambée des prix de l'énergie (puisqu'il améliore la rentabilité de ces investissements). « Malgré les coûts d'investissement actuellement plus élevés en raison des prix des matières premières, constate le rapport de l'AIE, le photovoltaïque à grande échelle est l'option la moins coûteuse pour la

1. https://www.iea.org/reports/world-energy-investment-2023

nouvelle production d'électricité dans une grande majorité de pays du monde. »

Le soleil se lève à l'est…

Championne toutes catégories de ces investissements : la Chine, où 87,4 GW de panneaux ont été installés en 2022. Un record absolu, qui lui a permis d'atteindre 310 GW de capacité à la fin de cette même année. À titre de comparaison, l'ensemble de l'Union européenne plafonnait au même moment à 200 GW et les États-Unis à 100 GW. Le gouvernement central chinois tablait ainsi, pour 2023 et les sept années qui suivent, sur un objectif de 95 à 120 GW installés chaque année dans le pays. Une puissance de feu gigantesque.

Les entreprises chinoises investissent également à l'étranger, parfois sur des projets spectaculaires. Comme en Ouzbékistan, par exemple, où il était prévu de déployer quelque 2 GW de puissance installée (l'équivalent de deux réacteurs nucléaires) en 2023, dans ce qui sera alors l'une des plus grandes fermes photovoltaïques du monde. Ou encore à Al Dhafra, au sud d'Abu Dhabi, où un consortium lancé en 2020 rassemble le français EDF Renouvelables, le chinois Jinko Power et des opérateurs publics émiratis. La puissance installée sera de 2 GW là aussi, ou l'équivalent de la consommation de 160 000 foyers, tout cela grâce au déploiement de 4 millions de panneaux solaires. L'électricité qui y sera produite pour les trente prochaines années a d'ores et déjà été achetée.

Les investissements colossaux de la Chine sont encore loin de compenser l'impact du gigantesque volume d'énergie carbonée (gaz et charbon) actuellement consommé. Mais cela lui permet de bénéficier d'une grosse longueur d'avance sur tous les autres acteurs du secteur. C'est d'ailleurs, peut-être même au-delà de la production d'électricité sur son territoire, son objectif premier : enfermer les pays concurrents, qui sont aussi des clients, dans une dépendance énergétique dont ils ne pourront plus se sortir. Dépendance en partie déjà largement actée : 75 % des panneaux produits dans le monde sortent d'une usine chinoise. Sur certains des composants, les parts de marché sont même encore bien supérieures : 79 % pour la production de silicium, la matière première des panneaux photovoltaïques, 85 % pour les cellules et même 97 % pour ce qui concerne les plaquettes de ce même silicium. Un quasi-monopole donc.

Les États-Unis en ont pris conscience. Et ont tenté de répliquer en 2022 avec l'Inflation Reduction Act, destiné à renforcer le protectionnisme américain tous azimuts, avec un effort particulièrement prononcé dans la réindustrialisation du pays, la production d'énergie et les équipements qui l'accompagnent. Ainsi, dans ce seul domaine, l'Agence américaine d'information sur l'énergie a recensé, pour l'année 2023, 29 GW de projets, soit un quasi-triplement par rapport à 2020. Une étude de l'université de Princeton évoque une croissance continue jusqu'à atteindre 75 et 105 GW de panneaux installés en 2026 et 2027, grâce aux financements de la loi IRA. Et des milliers d'emplois à la clé.

En Europe, ne risque-t-on pas de s'émanciper de notre dépendance au pétrole du golfe Persique pour tomber dans une autre ? « C'est un risque en effet, alerte Fatih Birol, de l'AIE. La Chine est en train de conquérir plusieurs marchés, dont ceux du solaire et de la voiture électrique. Dans le solaire, l'Europe était leader dans les années 2000. Sauf qu'elle s'est engagée dans la compétition en courant un sprint alors qu'il s'agissait d'un marathon. Elle n'a pas mis les moyens nécessaires, notamment financiers, pour tenir le rythme. Résultat : vingt-cinq ans plus tard, plus des trois quarts des panneaux solaires dans le monde proviennent d'usines chinoises. Si l'une d'entre elles était mise à l'arrêt, à cause d'un incendie ou d'un tremblement de terre par exemple, en termes d'approvisionnement, ce serait tout simplement une catastrophe. »

Quand la lumière prend les voiles

D'autant que l'Europe a, selon William Arkwright, une carte à jouer, avec la production de produits à plus haute valeur ajoutée, par exemple avec des panneaux à très haut rendement. « Il ne faut pas chercher à concurrencer la Chine sur ce qu'elle sait parfaitement faire aujourd'hui, estime l'expert d'Engie, à savoir de la production de masse. Mais travailler au contraire dès aujourd'hui sur les ruptures technologiques du solaire de demain, des modules légers, voire du photovoltaïque organique [composé à partir d'organismes vivants]. » Certes, toutes ces nouvelles technologies n'en sont pour le moment qu'à leur début. Mais l'idée serait non pas de concurrencer directement les technologies actuelles, mais plutôt de les compléter, voire de les devancer, en créant de nouveaux marchés à haute valeur ajoutée, donc très rentables.

« On peut par exemple imaginer le panneau solaire de demain qui intégrera les bâtiments de façon totalement invisible, dans les vitres des fenêtres par exemple, reprend William Arkwright. Ou même pourquoi pas les textiles, avec des tissus solarisés, là encore à base de photovoltaïque souple et léger, dans les sacs à dos ou les grandes bâches publicitaires qui recouvrent les échafaudages. » Et notre expert d'Engie de citer l'exemple d'un skipper avec qui il est en contact, et qui envisage, en vue de l'un de ses prochains tours du monde, d'équiper son bateau de « voiles solaires » capables de lui fournir son énergie motrice grâce au vent, mais aussi l'électricité dont il aura besoin pour ses appareils de navigation ou la vie à bord. « Chaque panneau classique pèse entre 22 et 25 kilos le mètre carré, détaille Arkwright. Imaginez le gain de poids pour une course en mer autour du monde, où chaque kilo compte. »

Et les autres solutions alternatives ?

Pour produire différemment de l'électricité, on peut donc recourir au solaire ou à l'éolien. Et pour le reste, le chauffage dans les logements par exemple ? Là aussi, de nouvelles solutions sont recherchées pour s'affranchir des technologies classiques les plus émettrices de gaz carbonique. Certaines sont imposées, sans réelles concertations. Au risque d'accentuer encore une fracture du pays, entre gaz de ville et fioul des champs. Une fracture qui a laissé de mauvais souvenirs au gouvernement, avec la naissance du mouvement des Gilets jaunes en 2018…

Ça chauffe pour les chaudières

Déjà le 1er janvier 2022, les chaudières à gaz avaient été bannies des logements individuels neufs. Six mois plus tard, le 1er juillet 2022, c'était au tour des chaudières au fioul (ou, plus rare, au charbon) pour tous les logements, qu'ils soient neufs ou anciens. Le troisième étage de la fusée n'a pas tardé à arriver : le 22 mai 2023, dans le cadre de la présentation d'un nouveau plan de réduction des émissions de gaz à effet de serre, Élisabeth Borne a cité le changement des chaudières à gaz comme figurant parmi les premiers postes ciblés. Douze millions de ménages sont concernés. Il s'en installe encore entre 300 000 et 400 000 nouvelles chaque année dans le pays. Et le gaz est présent dans un appartement sur deux et une maison sur trois.

Le lendemain, à l'occasion d'une réunion avec les organisations patronales, la Première ministre apportait quelques précisions, évoquant 2026 comme une « échéance possible et potentiellement souhaitable » à cette interdiction. Tandis qu'Olivier Klein, le ministre délégué à la Ville et au Logement, confirmait de son côté l'éventualité d'un tel calendrier sur l'antenne de RMC[1] : « On regarde pour ralentir d'abord l'installation de nouvelles chaudières [...]. Et 2026 me paraît une date tenable. » Le gouvernement reprenait alors à son compte les préconisations du rapport de l'économiste Jean Pisani-Ferry et de l'inspectrice générale des finances Selma Mahfouz, sur les « incidences économiques de l'action pour le climat », qui lui avait été remis la semaine précédente. « L'arrêt de

1. https://rmc.bfmtv.com/actualites/politique/fin-des-chaudieres-a-gaz-en-2026-c-est-inatteignable-selon-le-ministre-du-logement-olivier-klein_AV-202305250341.html

l'installation de nouvelles chaudières à gaz à partir de 2026 permettrait que près d'un quart des 12 millions de chaudières au gaz résidentielles soit remplacé par des alternatives non carbonées d'ici 2030 », peut-on notamment lire à la page 73 du rapport.

Mais pour quel impact sur le budget des ménages ? Et pour les remplacer par quels matériels ? « L'installation à leur place de pompes à chaleur (PAC) air-eau représente un investissement total de près de 8 milliards par an à l'horizon 2030 », détaille encore ce même rapport. « Sur ces 8 milliards, 3 sont dus au surcoût entre une PAC et la chaudière » précise-t-on au cabinet d'Élisabeth Borne. La PAC est donc bien devenue l'équipement privilégié par le gouvernement, loin devant les autres systèmes, comme la géothermie.

La PAC, cette nouvelle chouchoute

Mais que faire alors ? La première solution préconisée par le gouvernement est électrique : la pompe à chaleur. Elle fonctionne en gros comme un réfrigérateur inversé. Un liquide dit « caloporteur » récupère les calories, puis est compressé, ce qui a pour effet d'en augmenter la température (comme sous l'action d'une pompe à vélo). Il se transforme alors en gaz et transmet, au travers d'un « échangeur », sa chaleur à l'air du logement, ou à l'eau qui circule dans son circuit de chauffage. « Les pompes à chaleur sont une très bonne option, à l'heure où l'on tente de s'affranchir des modes de chauffage les plus polluants, estime Florence Clément, experte à l'Ademe, l'Agence de la transition écologique. Elles utilisent essentiellement des énergies renouvelables, puisqu'il s'agit de prendre des calories dans l'air, dans l'eau ou dans le sol[1]. »

Elles séduisent d'ailleurs de plus en plus les particuliers. En 2021, il s'en est vendu 1,2 million. « Un volume qui s'est encore accru de 20 % l'année suivante, observe David Bonnet, cofondateur de l'Association française pour la pompe à chaleur. La France est même déjà le premier marché d'Europe depuis plusieurs années, avec un parc de plus de 5 millions d'unités[2]. » Y sont surtout privilégiées les pompes dites « air-air » ou « air-eau ». « Le premier terme définit l'environnement dans lequel on récupère les calories, explique Rodolphe Batisse, expert chauffage chez Effy. Le second terme précise le vecteur par lequel la chaleur produite est diffusée[3]. »

---

1. Entretien le 4 novembre 2022, dans le cadre d'un dossier cosigné avec la journaliste Émilie Torgemen.
2. Entretien le 3 novembre 2022.
3. Entretien le 3 novembre 2022.

Mais attention : toutes les PAC ne se valent pas. « L'option air-air n'est pas forcément la plus confortable, avertit Florence Clément. Le risque est d'avoir chaud à la tête et froid aux pieds. Mais elle a l'avantage de ne pas nécessiter de changer complètement de système si le logement était auparavant équipé d'un chauffage électrique. » Une « air-eau » diffuse la chaleur directement dans les radiateurs, pour peu que le logement soit équipé d'un chauffage central ou d'un plancher chauffant, alimenté, par exemple, par une chaudière au fioul.

Certains dispositifs, plus rares, vont chercher la chaleur très profondément, « mais il faut des terrains très particuliers sans roches ou sans racines », insiste Florence Clément. D'autres encore récupèrent les calories au moyen de tuyaux qui serpentent dans le jardin à 1,50 mètre seulement de profondeur. La température y est alors comprise entre 12 et 14 °C. « Une large surface est dans ce cas nécessaire, note l'experte. Et sans la présence d'arbres fruitiers ou d'un potager par exemple, car ils pourraient souffrir du froid engendré par le circuit. »

Qu'en est-il de la consommation ? À l'usage, la pompe à chaleur est indéniablement l'un des systèmes actuellement les plus avantageux économiquement sur le marché. « Il y a encore quelques années, pour 1 kWh d'électricité consommée sur le réseau pour faire fonctionner notamment le compresseur, on pouvait restituer au maximum 3 kWh de chaleur dans le logement, détaille David Bonnet. Aujourd'hui, le ratio peut monter jusqu'à 1 pour 5. » Même avec l'augmentation actuelle des prix de l'électricité, ce type d'installation demeure donc largement rentable pour le moment. À condition d'absorber l'investissement initial. « Le coût de 70 % des installations aujourd'hui se situe entre 12 000 et 15 000 euros, précise Rodolphe Batisse. Cela peut monter jusqu'à 20 000 euros pour les plus performantes. »

Les aides à l'achat existent. « Il y aura un accompagnement » assurait encore Olivier Klein, toujours sur RMC, quand l'échéance de 2026 avait commencé à circuler. Certes, mais il convient d'être extrêmement vigilant. « Une pompe à chaleur air-eau coûte environ 15 000 euros, avertissait alors Thierry Chapuis, le délégué général de France Gaz. Contre 4 000 euros pour une chaudière à gaz. Mais, attention, dans un logement ancien, il faut souvent intégrer des travaux complémentaires, pour l'isolation ou les radiateurs, notamment[1]. » Rodolphe Batisse, l'expert chauffage d'Effy, sort sa calculette : « En cumulant MaPrimRénov' et les certificats d'économie d'énergie, ou CEE, on peut aller jusqu'à 9 000 euros d'aides publiques pour les

1. Entretien le 31 mai 2023.

foyers très modestes. Les foyers plus aisés peuvent bénéficier du coup de pouce PAC CEE, qui peut monter jusqu'à 2 500 euros[1]. »

Il existe aussi des aides indirectes, comme la TVA minorée à 5,5 %, ou les prêts éco-PTZ (prêt à taux zéro), à voir avec sa banque. « Pour bénéficier des aides, explique-t-il encore, votre installateur doit être certifié "Reconnu garant de l'environnement" ou RGE. » La liste de tous les installateurs est disponible sur les sites des organismes qui délivrent ce type de certification : Qualit'EnR, Qualibat et Qualifelec. « Surtout demandez les aides avant de signer quoi que ce soit, sinon vous perdez le bénéfice, avertit Florence Clément. Attention aussi aux filous qui promettent des aides et n'installent rien. Pour y voir clair, vous pouvez prendre rendez-vous avec France Rénov', la plateforme de conseils du gouvernement. »

En dépit de ces investissements importants, qui peuvent s'avérer de sérieux freins pour bon nombre de foyers, les économies seraient néanmoins à l'avenant. Avec une division par trois de sa consommation en moyenne, et donc de ses factures, à niveau de confort égal, voire supérieur. Sachant également que ces dispositifs sont

1. Calculs sur la base des conditions d'aides en juin 2023, susceptibles d'évolutions.

réversibles et peuvent fonctionner comme des climatiseurs l'été. Ce qui n'est pas le cas des autres systèmes de chauffage.

La pompe à chaleur présente donc des avantages indéniables, mais également quelques sérieux inconvénients. Esthétique tout d'abord. Impossible par exemple d'en installer une sur la façade d'un immeuble haussmannien. Sans parler du bruit. Celui du ventilateur, mais également du compresseur, situé dans la partie extérieure de l'installation. De quoi agacer fortement le voisinage. « Même si les appareils les plus récents, fabriqués au Japon, un pays pionnier en la matière, ou en France, ont fait d'énormes progrès », remarque David Bonnet. Tous les logements ne pourront de toute façon pas accepter ce type d'installation, notamment dans le collectif. Cela nécessiterait des PAC de plus grande capacité, avec une démultiplication des nuisances. *Last but not least*, une explosion du nombre de PAC pourrait également poser un problème de consommation. « À l'aune des capacités actuelles de production d'électricité, on pourrait ne plus être en mesure de répondre à tout moment à la demande, alerte-t-on chez RTE. Si on prend le cas de figure le plus extrême, en passant au tout électrique à l'échelle du pays, il faudrait augmenter jusqu'à 35 GW les besoins en électricité lors des pics de consommation. Soit la production d'une trentaine de centrales nucléaires en plus[1]. »

Utiliser la chaleur de la terre

Mais, bonne nouvelle, il existe d'autres façons de se chauffer. Le gouvernement pousse également, mais dans une moindre mesure, au développement de la géothermie, soit l'utilisation de la chaleur que renferme le sous-sol. « 99 % de la masse de la Terre fait plus de 1 000 °C », rappelait l'explorateur suisse Bertrand Piccard, également président de la fondation Solar Impulse, dans une tribune publiée dans *Les Échos* en avril 2023, pour souligner le gisement qui se trouve juste sous nos pieds. Il s'agit donc d'utiliser cette ressource énergétique disponible en permanence, inépuisable et renouvelable, pour envoyer du chaud (ou du froid) dans un bâtiment, via un fluide transporté dans de longs tuyaux.

La géothermie apporte ainsi une solution de chauffage ou de climatisation qui pourrait être développée sur près de 80 % du territoire, selon une étude publiée début 2023 par le Bureau des recherches géologiques et minières (BRGM), à la demande du ministère de la Transition énergétique. Avec la promesse d'économies

1. Entretien avec un membre de la direction, le 20 juin 2023.

substantielles : « Comparativement à une installation au gaz, la géothermie peut réduire de 60 % la consommation d'énergie d'un bâtiment et de 40 % ses coûts d'exploitation, tout en éliminant jusqu'à 90 % des émissions de CO_2, écrit encore Bertrand Piccard dans sa tribune. Et comparativement à un radiateur électrique, c'est 80 % d'économie. »

Aujourd'hui, cette technologie ne représente pourtant que 1 % de la consommation nationale de chaleur. Plusieurs options existent et l'on distingue la géothermie de surface, d'une profondeur généralement inférieure à 200 mètres, pour des usages individuels ou à l'échelle d'un bâtiment, et la géothermie profonde, qui exploite des nappes d'eau souterraines, entre 500 et 3 000 mètres de profondeur, à des températures comprises entre 30 et 200 °C, qui permet d'alimenter des réseaux de chaleur urbains. C'est le cas notamment en Île-de-France, avec 58 installations sur les 78 que compte le pays.

« Nous fixons comme objectif de déployer l'équivalent de 7 000 GWh de géothermie par an, soit l'équivalent de ce que consomment 500 000 ménages qui se chauffent au gaz », expliquait Agnès Pannier-Runacher, la ministre de la Transition énergétique, à l'occasion de la présentation au mois de février 2023 d'un plan d'action national visant « à faire de la France un leader de la géothermie en Europe ». Première étape, selon le rapport : doubler les installations de pompes à chaleur géothermiques chez les particuliers d'ici à 2025 et augmenter de 40 % le nombre de projets de géothermie profonde lancés d'ici à 2030. Avec un levier sur lequel les pouvoirs publics pourraient jouer : les logements collectifs. La géothermie n'est en effet pas réservée aux maisons, tant s'en faut. Elle s'installe aujourd'hui dans de nombreuses communes, chauffant des immeubles, mais également des cinémas, des piscines, des écoles, etc. Les grandes entreprises s'y mettent aussi lors de la rénovation ou de la construction de leurs sièges. C'est le cas, par exemple, du futur siège d'Engie aux portes de la Défense, à La Garenne-Colombes (Hauts-de-Seine), dont les travaux ont débuté en 2021, pour une livraison prévue en 2024.

Jusqu'à l'Élysée, l'hôtel d'Évreux de son vrai nom, bâtiment du XVIIIe siècle et passoire énergétique en puissance, au point que la revue *We Demain* s'était amusée à calculer son diagnostic de performance énergétique (DPE), lui attribuant la pire note : E. En juin 2023, en parallèle de travaux de chauffage et d'isolation des fenêtres déjà en cours, d'importantes opérations de forage ont débuté au fond du jardin, jusqu'à 64 mètres de profondeur (soit la hauteur des tours de Notre-Dame), traversé par de nombreuses galeries, des tunnels d'évacuation et même un bunker. Objectif : capter les calories de la nappe phréatique pour chauffer, grâce à quatre pompes à chaleur utilisant la géothermie, en lieu et place d'une ancienne chaudière à fioul, environ 60 % des 350 pièces et 15 000 mètres carrés du palais. Une manière pour le gouvernement de montrer que lui aussi fait sa révolution verte. Coût de l'ensemble du projet : 5 millions d'euros.

Là encore, la technologie est pourtant loin d'être nouvelle. La géothermie a connu un premier essor dans les années 1970, notamment en Île-de-France, avant d'être stoppée net à la suite de l'effondrement des cours pétroliers dans les années 1980. Il devenait à nouveau plus intéressant d'importer de l'autre bout du monde parfois des barils de pétrole que de puiser l'énergie contenue dans le sol. D'autres pays, comme la Suisse, la Suède ou l'Allemagne, n'ont pas été aussi court-termistes et ont continué de s'y intéresser. « C'est une mine d'or que nous avons juste sous nos pieds, s'enthousiasmait un conseiller au ministère de la Transition énergétique au moment de la présentation du plan, se référant à l'étude du BRGM. La France dispose de nombreux aquifères profonds encore totalement inexploités, notamment en Aquitaine, en région PACA et dans les Hauts-de-France[1]. »

Le coût représente pour le moment un important frein au développement. Une installation

1. Entretien le 1er février 2023.

complète, avec le forage, l'installation d'une pompe et la mise en service peut coûter autour de 20 000 euros pour un foyer. Résultat : il ne s'installe aujourd'hui en moyenne que 3 000 pompes géothermiques par an (contre un pic à plus de 8 000 entre 2012 et 2013). Les aides vont donc être relevées. « Pour inciter les Français à recourir à la géothermie, l'aide pour toute installation d'une pompe à chaleur géothermique en remplacement d'une vieille chaudière thermique sera portée à 5 000 euros, stipule le rapport. Quel que soit le niveau de revenu (contre 4 000 euros jusqu'alors pour les ménages les plus modestes et 2 500 euros pour les ménages aux revenus intermédiaires et supérieurs) dès mars 2023. »

Toujours selon le gouvernement, ce « coup de pouce » pourra être cumulé avec d'autres dispositifs de soutien et atteindre jusqu'à 16 000 euros d'aides publiques pour les foyers les plus modestes. Au prix actuel des énergies, un ménage moyen pourrait donc économiser chaque année – toujours selon les calculs de l'exécutif – au moins 800 euros en substitution d'un chauffage au fioul et près de 500 euros en remplacement d'un chauffage au gaz.

À l'échelle nationale, l'Ademe[1] propose via son Fonds Chaleur une aide financière au

1. https://expertises.ademe.fr/energies/energies-renouvelables-enr-production-reseaux-stockage/passer-a-laction/produire-chaleur/fonds-chaleur-bref

développement des énergies renouvelables. En 2021, 350 millions d'euros ont été engagés au profit de 559 installations sur toute la France. Le budget 2022 du fonds a été augmenté de 20 millions d'euros pour atteindre 370 millions d'euros. Un appel à projets soutenant l'accompagnement des études pour la création et l'extension des réseaux de chaleur et de froid dans les collectivités de moins de 50 000 habitants devait être lancé avant fin 2023 par l'Agence de l'environnement.

Cette même année, le nouveau plan d'action national a été complété dans le cadre de la nouvelle loi PPE. La France ambitionne ainsi de produire dans les quinze à vingt prochaines années suffisamment de chaleur géothermale pour économiser 100 TWh par an de gaz. Soit plus que les importations de gaz russe avant 2022 et la guerre en Ukraine. Outre les investissements lourds que ce plan nécessitera, sans compter les besoins en formation, une interrogation subsiste. Elle concerne d'éventuels risques sismiques consécutifs à des forages de géothermie profonde. En 2020, deux séismes – dont l'un d'une magnitude de 3,2 – survenus à proximité de la centrale géothermique de Fonroche à Vendenheim (Bas-Rhin) ont marqué les esprits.

Le biométhane, un bon filon à exploiter

Une autre filière, tout aussi locale, cherche également à faire entendre sa voix : celle du biométhane. Les détracteurs argueront que cela reste une énergie fossile. Certes, mais le gaz vert émet bien moins de CO_2 que le charbon. Pour produire la même quantité d'énergie, la méthanisation induit une réduction de 73 % de l'impact sur le climat par rapport aux scénarios sans méthanisation, pointe une étude publiée en novembre 2021 par l'Inrae (Institut national de recherche pour l'agriculture, l'alimentation et l'environnement). Elle permet en effet de ne pas recourir à l'extraction, au transport, ou encore à la gestion. C'est aussi la promesse d'une plus grande souveraineté énergétique, alors que la France importe 99 % du gaz naturel qu'elle consomme. Elle peut également participer à la transition énergétique en conjuguant production locale d'énergie renouvelable et traitement des déchets.

La technique repose sur la dégradation, sans oxygène, de la matière organique pour générer de l'énergie. Elle a été découverte à la fin du XVIIIe siècle par Alessandro Volta (l'inventeur de la première pile électrique, la pile « voltaïque »), en observant des marais desquels du gaz se libérait. Ce biogaz se compose de 50 à 70 % de méthane et de 30 à 50 % de CO_2. En éliminant ce dernier et les traces de sulfure d'hydrogène (qui produit la mauvaise odeur d'« œuf pourri ») par un processus facile et peu coûteux, il reste le méthane pur, substitut parfait au gaz naturel.

En France, cette technique s'est initialement développée dans les années 1970 dans certaines campagnes, en utilisant des substrats agricoles, notamment le fumier d'élevage ou des restes de cultures, ainsi que des boues de stations d'épuration. Plus tard, l'industrie agroalimentaire a également fourni de nouveaux « intrants », notamment des déchets alimentaires (épluchures, huiles de friture, etc.). En mars 2022, l'Association européenne du biogaz (European Biogas Association, EBA) affirmait qu'en utilisant ses propres déchets, l'Union européenne pourrait d'ici à 2030 produire en biométhane 20 % du gaz qu'elle importait de Russie avant la guerre.

Une production locale

En août 2013, Mauritz Quaak et son frère Jacques-Pierre, éleveurs et agriculteurs de Seine-et-Marne, ont été les premiers en France à injecter le gaz produit par les déchets de leur production dans le réseau national. Jusque-là, le biogaz était essentiellement brûlé directement par cogénération pour produire de l'électricité. Depuis, les deux frères, des pionniers, n'ont cessé de faire la promotion de cette technique, notamment à travers l'Association des agriculteurs méthaniseurs de France.

« À l'époque, on était une goutte d'eau, ou plutôt une molécule dans un océan de gaz, se souvient Mauritz en balayant de son regard bleu perçant les 380 hectares de son exploitation agricole, la ferme d'Arcy, à Chaumes-en-Brie. Aujourd'hui, on participe à la diversification de l'approvisionnement en gaz du pays. » Le combustible ? « Cela peut provenir du fumier produit par nos 500 vaches limousines. Mais aussi des cultures intermédiaires comme le seigle, de la poussière de céréales ou même du petit-lait issu d'une fromagerie voisine, à Fontenay-Trésigny. » Au total, 30 tonnes de déchets sont introduites quotidiennement dans un « digesteur », une gigantesque cuve de 2 000 mètres cubes privée d'oxygène, chauffée à 39 °C et brassée pendant 120 jours pour « recréer les conditions de l'estomac d'une vache ». Une fois extrait, débarrassé du CO_2 qu'il contient (et qui peut être revendu à des industriels, notamment dans l'alimentaire) et odorisé, le gaz peut chauffer un bon millier d'habitations. La ferme est d'ailleurs connectée à six communes environnantes. La matière solide qui résulte du processus, le « digestat », peut servir quant à elle d'engrais pour fertiliser les sols, en lieu et place des produits chimiques que les deux frères utilisaient auparavant. Attention néanmoins, une mauvaise gestion de cette matière peut engendrer des émissions d'ammoniac, de protoxyde d'azote et de méthane, et aboutir à la dégradation de certains sols. La méthanisation s'inscrit ainsi dans quatre filières distinctes : la gestion des déchets, la production d'énergie, la fertilisation des sols et l'agriculture.

La production de biogaz a connu une forte croissance en France au cours des dernières années, encouragée par les différentes lois sur la transition écologique qui se sont succédé depuis 2009. Elle est ainsi passée de 1 TWh en 2007 à 10 TWh en 2022, poussée par la nécessité de produire davantage d'énergies renouvelables et celle de récupérer le méthane des effluents agricoles, dont les effets de serre sont trente fois plus puissants que ceux du CO_2. La méthanisation est donc amenée à se développer de manière plus dynamique encore dans les prochaines décennies. Dans les scénarios de l'Ademe pour produire 100 % de gaz renouvelable d'ici à 2050, elle représenterait 100 à 128 TWh. « Depuis deux ou trois ans, nous avons encore observé une vraie accélération du nombre de projets, confirmait-on au ministère de la Transition énergétique en juin 2023. Entre fin 2021 et mi-2023, les capacités d'injection dans le réseau ont encore augmenté de 50 %[1]. »

Par ailleurs, l'évolution du traitement des déchets et la volonté de réduire le recours à l'incinération et à l'enfouissement pèsent dans la

1. Entretien le 5 juin 2023.

balance. Le tri à la source des biodéchets va en effet se généraliser : ils devront être orientés vers des solutions de valorisation, comme le compostage ou la méthanisation. Cette obligation, qui s'appliquait déjà aux plus gros producteurs de biodéchets (plus de 10 tonnes par an), comme les grandes surfaces, la restauration collective ou certains commerces, a été étendue en 2023 à tous ceux qui en produisent plus de 5 tonnes par an.

De fait en 2023, 565 sites (dont 85 % à vocation agricole) fournissent déjà du gaz dans le réseau, sur le modèle de l'exploitation des frères Quaak. « De quoi assurer 2 % de la consommation[1] », détaille Laurence Poirier-Dietz, la directrice générale de GRDF. Mais la filière veut aller encore plus loin. Alors que les pouvoirs publics ont fixé un objectif de 10 % de la consommation d'ici à 2030, les acteurs du biométhane assurent de leur côté qu'ils pourraient produire le double, pour peu qu'on leur en donne les moyens. Preuve du potentiel, en 2022, 7 TWh de biométhane se sont retrouvés dans les réseaux, quand la dernière loi PPE tablait sur 6 TWh maximum à l'horizon 2023. Ainsi, un nouvel objectif d'au moins 9 TWh a été établi pour 2023 et la filière s'estime capable de produire 20 % de la consommation de gaz en

1. Entretien le 6 juin 2023.

France à l'horizon 2030, contre les 10 % prévus actuellement.

Le casse-tête des tarifs de rachat

Aujourd'hui, les fournisseurs de gaz naturel ont obligation de racheter le biométhane à des tarifs réglementés, en moyenne trois à quatre fois plus cher que le gaz naturel, pour soutenir le développement de la filière. Or ces tarifs ont été revus à la baisse en 2020. « Quand ces tarifs de rachat ont été instaurés en 2011, ils tournaient autour de 120 euros le mégawattheure, rappelle Xavier Passemard, directeur biométhane à GRDF. En 2020, ils sont tombés à 105 euros. Sauf qu'entre-temps, les prix des matières premières et de l'énergie nécessaires pour faire tourner les unités de méthanisation ont bondi, plombant la rentabilité des installations. »

Ainsi, alors qu'il faut deux à trois ans pour mettre en place un projet de méthanisation, les conditions d'entrée sur le marché se sont considérablement durcies, faisant craindre un gros trou d'air entre 2024 et 2026. Par manque de visibilité, 800 projets ont été mis sur liste d'attente début 2023. Pour relancer la machine, le gouvernement a finalement annoncé en juin 2023 une revalorisation d'une quinzaine d'euros des tarifs de rachat, ainsi qu'une meilleure indexation sur les cours de l'énergie. Autre étape à venir : un décret obligeant les acteurs du secteur à intégrer une certaine dose (la part augmentera progressivement) de biogaz dans leur production. De quoi en revanche faire enchérir sans doute encore un peu les tarifs du gaz.

La ferme d'Arcy, elle, bénéficie encore des anciens tarifs. La méthanisation lui a permis en dix ans de doubler son chiffre d'affaires, assuré auparavant uniquement par ses activités de culture (blé, orge, betterave et colza) et d'élevage. Si tout se passe bien, elle devrait amortir les 5 millions d'euros investis, dont 30 % subventionnés (par l'État, via la Banque publique d'investissement, la région et l'Ademe), en une douzaine d'années. Des panneaux solaires, disposés sur le toit du bâtiment qui abrite les animaux et sur un terrain, permettent également de produire une partie de l'électricité nécessaire au site. « Le financement demeure l'un des principaux freins à l'essor de la méthanisation, estime Mauritz Quaak. La revalorisation du tarif de rachat peut être une réponse. L'autre frein, c'est l'acceptabilité. »

La filière veut également faire émerger des modèles alternatifs, qui ne dépendent plus complètement des tarifs réglementés. Début 2023, Engie (qui détient déjà une vingtaine de méthaniseurs en France, via sa filiale Engie BiOZ) et le chimiste Arkema ont signé un contrat dit « de gré à gré » pour la fourniture de 3 TWh de biométhane sur dix ans. Pour ce partenariat, l'énergéticien va s'approvisionner auprès d'une petite vingtaine de méthaniseurs, la plupart situés en Normandie. C'est l'un des avantages de ce marché : outre le développement d'une économie circulaire, il peut permettre de relocaliser une partie de la production de gaz et de rapprocher lieux de production et de consommation.

Dans ce cas précis, le biogaz alimentera la fabrication d'un polymère utilisé notamment en quantité dans les chaussures de sport, mais aussi le textile, l'électronique ou le paramédical. Arkema pourrait réduire ses émissions de carbone de 60 %. D'autres contrats du même genre sont en négociation un peu partout sur le territoire. De quoi à terme diminuer l'impact financier du soutien de l'État à la filière sur son budget. « Déjà, les recettes générées par la méthanisation en 2022, quand les prix du gaz ont flambé et qu'il a fallu trouver des solutions de rechange à la fin de l'approvisionnement russe, ont compensé tout ce que l'État avait dépensé en dix ans, affirme un acteur important du secteur qui a requis l'anonymat. Et puis il convient de prendre en compte tous les bénéfices qu'apporte le biométhane. En termes d'emplois, notamment ruraux, ou encore sur la transition énergétique[1]. »

Gare au contre-exemple allemand

Certes. Mais, attention, cette technologie n'est pas exempte de reproches. Les installations de méthanisation comportent des risques. En 2020, le dysfonctionnement du système de sécurité d'une unité de Châteaulin (Finistère) exploitée par Engie avait entraîné la pollution de l'Aulne en y déversant 400 000 litres d'un liquide noirâtre, des déchets organiques, en amont d'une usine d'eau potable, provoquant une importante pollution. Pendant plusieurs jours, 200 000 habitants des environs avaient été privés d'eau potable.

La terre de Bretagne justement a subi ces cinquante dernières années les assauts répétés de l'agro-industrie[2]. Avec ses 110 millions d'animaux d'élevage et ses 1 500 établissements agroalimentaires, les unités de méthanisation, souvent adossées à des grandes coopératives, y ont poussé comme des champignons. Les grands

1. Entretien le 7 juin 2023.
2. Lire sur ce sujet le travail remarquable d'Inès Léraud et Pierre Van Hove, auteurs de la bande dessinée *Algues vertes, l'histoire interdite* (Delcourt, 2019) ; ou le livre du correspondant du journal *Le Monde* en Bretagne Nicolas Legendre, *Silence dans les champs* (Arthaud, 2023).

énergéticiens ont multiplié les opérations de communication et de démarchage auprès des paysans, accompagnés par des banques enclines à prêter massivement aux aspirants à la diversification. Résultat : des norias de camions chargés d'approvisionner les cuves en intrants, du lisier ou du fumier des exploitations alentour, ou au contraire de les débarrasser du digestat ont envahi les routes. Une trentaine d'accidents au moins ont été recensés dans cette région depuis la mise en service des premières « usines à gaz » dans les années 2000.

Autre risque que fait peser un développement mal contrôlé : l'accaparement des terres. Parmi les végétaux à « haute teneur méthanogène » figurent des plantes cultivées spécialement à cet effet entre deux récoltes « classiques », les cultures intermédiaires à vocation énergétique (Cive) mais aussi destinées à l'alimentation animale ou humaine, comme le maïs. « Depuis 2016, un seuil réglementaire empêche d'utiliser en France plus de 15 % des cultures principales pour la méthanisation, rappelle Xavier Passemard, de GRDF. On n'atteint aujourd'hui même pas les 6 ou 7 %. Il y a encore largement de la marge. » Cependant, l'État, de l'avis général, ne dispose pas de moyens suffisants pour contrôler l'application de cette norme, pas plus que pour faire appliquer ses propres réglementations en termes de sécurité des installations. En encourageant les paysans à devenir « énergiculteurs » au prix parfois d'un endettement massif (une unité de méthanisation coûte en général plusieurs millions d'euros), cette « course à l'énergie » leur fait prendre le risque de se détourner de leur vocation première, et perpétue un système qui rémunère aujourd'hui très mal la production d'aliments.

Pour réellement convaincre, la méthanisation à la française devra donc absolument s'affranchir des modèles industriels, comme ceux qui prévalent en Allemagne ou aux Pays-Bas par exemple. Cette ressource peut être une solution de diversification (de l'approvisionnement en énergie pour le pays et d'activité pour les agriculteurs), mais son essor doit être parfaitement maîtrisé. Au risque sinon que la méthanisation succède à l'éolien dans la liste des énergies renouvelables sur lesquelles se déchirent défenseurs de l'écologie, riverains et État. Dès 2011, dans un rapport d'information sur le sujet, le Sénat recommandait de veiller à l'équilibre énergétique pour « éviter un scénario tout biogaz à l'allemande », alors qu'une « ferme des mille vaches », une exploitation semi-industrielle, devait s'installer dans le nord de la France. Les auteurs du rapport plaidaient en faveur d'un « développement maîtrisé » de la méthanisation, « cohérent avec les territoires et leurs capacités propres », en mobilisant davantage les collectivités territoriales. La France a pour l'instant fait le choix d'un modèle proche du monde agricole, avec de petites unités. Elle doit s'y tenir. « Des exploitations comme la nôtre, de taille raisonnable, qui s'intègrent parfaitement dans leur environnement et complètent une activité agricole ou d'élevage, vont dans le bon sens », estime à juste titre Mauritz Quaak, dans sa ferme d'Arcy.

Hydrogène, mirage ou miracle ?

Et si la solution à tous nos maux énergétiques résidait dans une simple goutte d'eau ? L'un de ses éléments, l'hydrogène (le « H » de la molécule H_2O), étant pratiquement inépuisable sur notre planète, le monde entier rêve de l'imposer comme la prochaine grande révolution technologique, et comme réponse absolue à la transition énergétique. Le plus léger des atomes, mais aussi l'un des plus prometteurs pour notre avenir, suscite d'immenses espoirs et convoitises, mais également de nombreuses interrogations [1].

Comment en effet une technologie vieille de plus de deux cents ans pourrait-elle se présenter aujourd'hui comme révolutionnaire ? Déjà dans *L'Île mystérieuse* (1874), Jules Verne en célébrait

1. À lire (en anglais, non traduit) : *The Hydrogen Revolution*, de Marco Alverà (patron de la SNAM, la principale entreprise italienne de transport de gaz), éditions Hodder Studio (2021).

les vertus, à travers la prophétie de son personnage, le savant Cyrus Smith : « Oui, mes amis, je crois que l'eau sera un jour utilisée comme combustible, que l'hydrogène et l'oxygène qui la constituent fourniront une source de lumière et de chaleur inépuisables et d'une intensité que la houille ne saurait avoir. »

C'est tout le paradoxe de l'hydrogène, et de l'appareil qui sert à le produire, ou à en tirer le bénéfice énergétique : la pile à combustible. Sa découverte date du début du XIXe siècle. Son lancement à une échelle industrielle a été maintes et maintes fois annoncé. Des centaines de milliards d'euros ont été dépensés à travers le monde pour son développement. Et pourtant… l'hydrogène demeure, pour le moment du moins, toujours un mirage technologique. Rendez-vous compte : en 1969, la fusée Apollo 11 qui emmena les trois astronautes Armstrong, Collins et Aldrin sur la Lune contenait déjà trois piles à combustible, alimentées par deux réservoirs d'hydrogène et deux réservoirs d'oxygène, de quoi leur fournir la puissance électrique nécessaire au fonctionnement de leur module, ainsi que de l'eau potable.

Côté mobilité par exemple, le constructeur automobile allemand Mercedes a bien tenté de lancer un utilitaire à hydrogène, le MB100, en… 1991. Il pouvait parcourir une centaine de kilomètres à une vitesse maximale de 90 kilomètres à l'heure. Mais les difficultés techniques, et surtout le coût d'une commercialisation (pour le constructeur comme pour les éventuels acheteurs), ont eu raison de la tentative. Daimler, la maison mère de Mercedes, a continué les recherches, avant d'annoncer en 2020 la fin de trente années de développement, pour ce qui est de la voiture de tourisme du moins. Le travail se poursuivra en partenariat avec le suédois Volvo sur les camions.

Un autre constructeur, coréen, s'accroche. Depuis 2015, Hyundai commercialise en Europe des modèles 100 % hydrogène. Le ix35 Fuel Cell tout d'abord, issu d'une plateforme thermique, suivi trois ans plus tard par un modèle créé spécifiquement : le Nexo. La même année, son concurrent japonais, Toyota, lance la Mirai (« futur » en japonais). Les trois modèles équipent Hype, la première flotte de taxis à hydrogène au monde, créée à Paris en 2015. Ils seront rejoints en 2023 par Stellantis, qui prévoit de fournir une flotte de cinquante taxis parisiens à hydrogène Peugeot et Citroën, destinés aux personnes à mobilité réduite. Aujourd'hui, plus de 80 000 véhicules à hydrogène circulent dans le monde : des voitures particulières (Mirai et Nexo notamment), mais également des camions (essentiellement en Chine, ainsi que quelques unités en Europe), des bus et des utilitaires. C'est assez pour démontrer la pertinence et la fiabilité de cette technologie, mais insuffisant à date pour en faire un marché.

Dans les airs, différents avionneurs ont travaillé eux aussi sur un modèle à hydrogène. Mais la plupart des prototypes sont encore dans les cartons tant les défis sont immenses, notamment concernant le poids, le volume et la sécurité. Certes, les français Blue Spirit Aero (et leur projet Dragonfly) ou encore Beyond Aero ont présenté des prototypes d'avions d'affaires capables d'emporter entre deux et huit personnes pour de courts trajets. Mais pour le reste, la possibilité de voir un jour des moyens ou longs courriers commerciaux dotés de cette technologie traverser un continent ou un océan semble s'estomper. Dassault, la jugeant trop dangereuse, a jeté l'éponge. Boeing a repoussé l'horizon jusqu'à au moins 2050. Seul Airbus semble y croire encore avec son programme ZEROe lancé en 2020, dans lequel trois concepts d'aéronefs sont à l'étude.

« Mais ne nous y trompons pas, quelle que soit la technologie choisie, l'hydrogène reste bien considéré par tous comme le vecteur qui permettra de décarboner l'aviation[1] », estime Pierre-Étienne Franc. Cet ancien directeur de l'activité hydrogène monde d'Air Liquide, l'un des leaders du secteur, a cofondé en 2021 FiveT Hydrogen, une plateforme de gestion spécialisée dans les projets d'hydrogène décarboné. Il dirige également Hy24, un gestionnaire d'actifs bénéficiant

1. Entretien le 1er juillet 2023.

d'une enveloppe de 2 milliards d'euros. De quoi avoir une bonne vision d'ensemble du secteur[1]. « À court terme, la raison première de l'hydrogène se trouve néanmoins ailleurs, reprend-il. Il va d'abord s'agir d'aller chercher de grandes quantités de renouvelable dans les pays qui disposent de vent ou de soleil en abondance et de façon régulière. Essentiellement dans le Sud donc, en Australie, au Moyen-Orient, au Maghreb, ou encore en Amérique du Sud. Et le ramener dans les pays qui n'en auront jamais assez, ou pas suffisamment compétitif. » Le vecteur en serait donc l'hydrogène ou son dérivé, l'ammoniac, que l'on acheminerait via d'immenses pipelines, comme pour le gaz, parfois sur plusieurs milliers de kilomètres.

L'hydrogène peut avoir assez rapidement une autre utilité : la décarbonation de l'industrie, par exemple dans la production d'acier, de ciment, de pâte à papier, de verre, d'ammoniac ou le raffinage du brut pour en faire des carburants. Autant de produits où l'on pourrait substituer le pétrole, le charbon ou le gaz, nécessaires à leur fabrication, par de l'hydrogène.

Idem pour le transport dit « lourd », essentiellement de marchandises, que l'on ne décarbonera pas uniquement avec du 100 % électrique. « En

1. Il est également coauteur avec Pascal Matéo de *Hydrogène : la transition énergétique en marche !* (Alternatives, 2015).

hybridant les camions ou les flottes, comme les taxis par exemple, avec de l'hydrogène, on pourra faire du transport très longue distance, avec des recharges rapides de quelques minutes », précise encore Pierre-Étienne Franc. Tout en pointant du doigt un écueil : « La France accompagne ses équipementiers en finançant des lignes de production de réservoirs de véhicules hydrogène, de piles à combustible, et de toute la chaîne des équipements destinés aux voitures ou aux bus, alerte-t-il. Mais le pays n'a toujours pas lancé un vrai programme de déploiement d'une infrastructure de distribution d'hydrogène pour ce type de mobilité, ce qui gêne les programmes de déploiements des premiers modèles de séries, notamment pour nos deux constructeurs nationaux, Stellantis et Renault. »

Dès 2019, l'hydrogène a pourtant été identifié comme l'une des dix filières d'innovation prioritaire dans le cadre du Pacte productif. Et le gouvernement prévoit d'investir 9 milliards d'euros pour son développement. Pas question de se laisser distancer par des concurrents, à commencer par son voisin allemand, qui mise notamment sur le train à hydrogène, et envisage d'investir lui aussi 9 milliards sur dix ans. Au-delà du continent, des pays comme le Japon, la Corée du Sud, la Chine ou les États-Unis en ont fait une priorité nationale, avec l'espoir de voir s'ériger des gigafactories d'électrolyseurs sur tous les continents.

Il faut donc voir les choses en grand. La Commission européenne elle-même a, dès 2020, présenté son propre plan. Objectif : porter l'hydrogène à 12 ou 14 % du mix énergétique au milieu du siècle (cette part étant aujourd'hui quasi nulle). Pour cela, elle mise d'abord sur l'innovation. D'après une étude menée conjointement par l'Office européen des brevets (OEB) et l'AIE, 28 % des brevets relatifs à l'hydrogène proviennent actuellement de sociétés du Vieux Continent, contre 24 % pour le Japon et 20 % pour les États-Unis. Dans cette course supracontinentale, la France se trouve d'ailleurs particulièrement bien placée : sur la période 2011-2020, 6 % de ces mêmes brevets relatifs à l'hydrogène déposés dans le monde provenaient de l'Hexagone.

Les projets les plus ambitieux se trouvent dans les cartons. Comme celui de transporter par pipeline jusqu'au cœur de l'Europe industrielle de l'hydrogène produit en Afrique du Nord ou en Arabie saoudite, grâce à des centrales solaires. Sans parler du projet BarMar, pour Barcelone-Marseille, réunissant la France, le Portugal et l'Espagne (le projet se nomme H2Med dans ces deux pays), qui prévoit de construire un gazoduc sous-marin (ou « hydrogénoduc » comme on aime à l'appeler au ministère de la Transition énergétique) qui acheminerait de l'hydrogène de Barcelone jusqu'à Fos-sur-Mer, près de Marseille.

La première étape du plan européen devrait se dérouler en 2024, avec un objectif de capacité de production de 6 GW, soit l'équivalent de 6 réacteurs nucléaires. Pour 2030, ce chiffre passerait à 40 GW. Mais attention, a alerté la Commission lors de sa présentation, là aussi les investissements devront être à la hauteur de l'enjeu : entre 180 et 470 milliards d'euros sur les trente prochaines années.

Des sommes astronomiques, qui serviront en premier lieu à « verdir » l'hydrogène lui-même, car 80 % de sa production provient aujourd'hui du gaz, du charbon ou du pétrole. L'industrie en est le principal consommateur, mais essentiellement comme matière première, sous une forme extrêmement polluante, par vaporeformage, qui permet de transformer du gaz naturel en hydrogène. Une hérésie écologique puisque 8,7 millions de tonnes de dioxyde de carbone sont émises en une seule année en France « pour le raffinage, la production d'engrais, la chimie, la verrerie, la synthèse de matières plastiques ou la fabrication de circuits imprimés électroniques », détaille l'Ademe [1].

Le secteur mise donc sur l'hydrogène vert, reposant sur le principe de l'électrolyse, qui combine eau et courant électrique, ce dernier étant dans ce cas issu du renouvelable, voire (en fonction des

1. https://librairie.ademe.fr/cadic/6208/hydrogene-renouvelable-bas-carbone-011390.pdf

classifications) du nucléaire. « Mais si cette technologie veut s'imposer, il faudra réduire les coûts[1] », avertissait déjà en 2020 Philippe Boucly, le président de l'Association française pour l'hydrogène et les piles à combustible (Afhypac), devenue depuis France Hydrogène. L'ancien directeur général de GRTgaz, la filiale transport d'Engie, évalue à 24 milliards d'euros au minimum les investissements nécessaires en France d'ici à 2030.

Toutes ces projections restent néanmoins sujettes à caution tant elles dépendent des choix politiques et stratégiques qui les fixeront. Dans un rapport publié à l'été 2021, la même Ademe livrait sa vision du sujet, situant ainsi le coût moyen de production d'hydrogène décarboné autour de 4 euros par kilogramme (contre 1,50 euro pour le vaporeformage). Un prix qui dépend en partie de celui de l'électricité en provenance d'énergies renouvelables ou du nucléaire et auquel il convient d'ajouter celui, non négligeable, du transport du producteur vers le consommateur, ainsi que de la compression du gaz.

Adossé aux subventions publiques, le privé s'est lui aussi lancé dans la course. Une trentaine de géants hexagonaux (Air Liquide donc, mais également Engie, Total, Faurecia, Plastic Omnium, etc.) se sont regroupés au sein de

1. Entretien le 18 septembre 2020.

nombreux projets, avec le soutien de collectivités territoriales, pour un montant global dépassant les 30 milliards d'euros. Tous tablent sur des créations d'emplois, directs et indirects : au moins 50 000, selon leurs estimations. Optimiste pour certains observateurs, en dessous du potentiel pour d'autres. En 2021, France Hydrogène, qui regroupe 150 entreprises et collectivités, recensait 3 500 emplois actifs dans son Livre blanc des compétences et métiers. « Il faut également donner la chance aux plus petites structures, start-up, PME et développeurs de projets, alerte néanmoins Pierre-Étienne Franc. Elles représentent un levier d'innovation très important dans ce domaine. »

Les infrastructures devront également faire l'objet d'aménagements, car transporter de l'hydrogène dans des tuyaux ne se fait pas aussi facilement que pour le gaz. « Le réseau de gaz existant n'est pas forcément partout configuré avec les bons alliages, explique encore Pierre-Étienne Franc. L'hydrogène peut parfois fragiliser l'acier des parois. Il convient donc dans certains cas de changer les tuyaux. » GRTgaz prépare ainsi la conversion de 70 kilomètres entre la France et l'Allemagne, pour une mise en service commerciale espérée en 2027, avec à terme un objectif de 4 000 kilomètres d'« hydrogénoducs » dans le pays entre 2040 et 2050, à comparer aux 32 000 kilomètres aujourd'hui déployés pour le gaz. Des « autoroutes de l'énergie » destinées à alimenter de grands bassins industriels, dont près de la moitié (entre 1 500 et 2 000 kilomètres) proviendrait de canalisations gazières déjà existantes – sachant que le « coût de la conversion d'une canalisation représente environ 30 % du coût de la construction d'une canalisation neuve », estimait en novembre 2022 un rapport de l'Inspection générale de l'environnement et du développement durable, portant sur la sécurité du développement de la filière hydrogène [1].

Des investissements certes colossaux, mais à mettre en balance avec les retombées qu'ils pourront parallèlement et assez rapidement engendrer. Au niveau mondial, le marché de l'hydrogène vert pourrait en effet peser jusqu'à 500 milliards d'euros dès 2030, selon une étude de Roland Berger publiée en mai 2023 [2]. Le cabinet de conseil estime même que l'Europe sera le premier marché à cette échéance, pesant pour 40 % de la valeur, avec aussi bien des projets de très grande taille (plus de 1 GW), développés dans des pays où les énergies renouvelables sont abondantes et peu chères ; des projets intermédiaires (de 10 MW à 1 GW), menés par les grands secteurs à

1. https://www.economie.gouv.fr/files/files/directions_services/cge/securite-hydrogene.pdf

2. https://www.rolandberger.com/en/Insights/Publications/The-great-market-potential-of-green-hydrogen.html

décarboner (sidérurgie, chimie, raffineries, etc.), où l'hydrogène sera produit près des grands centres industriels ; que des projets de taille plus modeste (moins de 50 MW), essentiellement destinés à la mobilité. Les auteurs du rapport lancent néanmoins cet avertissement : « Ce type de projets nécessitera un bon approvisionnement en électricité bas carbone, disponible chaque fois que ce sera nécessaire. » Effectivement, il ne s'agirait pas de mettre la charrue avant les bœufs.

Sobriété, la grande oubliée ?

C'est l'histoire du type qui s'était juré de ne plus boire une seule goutte d'alcool, et replonge à la première occasion. Une métaphore un peu facile mais bien utile dans notre monde moderne et surindustrialisé qui, à chaque grande crise (les deux chocs pétroliers, la guerre en Ukraine…), jure ses grands dieux qu'on ne l'y reprendra plus. Que cette nouba énergétique de tous les diables, c'est bien terminé, que décidément, « c'est pas Versailles ici », les ressources naturelles du monde sont finies et il convient d'en faire usage avec parcimonie.

Et pourtant… Que croyez-vous qu'il soit arrivé dans les années 1980, après deux gigantesques chocs pétroliers, l'un en 1973, l'autre, six ans plus tard, en 1979 ? Quelques slogans comme « En France on n'a pas de pétrole, mais on a des idées » n'ont pas suffi. « Chassez le naturel, il revient au galop », affirme l'adage. Le gouvernement en est conscient et tente donc de mettre en place des mesures.

« À quelques exceptions près, l'Europe n'est productrice ni de gaz ni de pétrole, rappelle

Agnès Pannier-Runacher. Pourtant, nous sommes dépendants aux deux tiers des énergies fossiles pour notre consommation d'énergie. Alors, pour répondre à cette équation impossible, une seule réforme des marchés ne suffira pas. Et on peut donc faire toutes les lois qu'on veut, ça ne contraindra en rien les pays de l'Opep à réduire les prix du baril s'ils ne le souhaitent pas[1]. De même que ça ne fera pas baisser le niveau de prix d'un contrat de GNL. Nous devons donc être en capacité de produire collectivement plus d'énergie bas carbone et de consommer bien moins d'énergie, si nous voulons baisser les prix. »

Et la ministre de citer l'exemple des gigafactories en construction sur le continent, comme celle de Billy-Berclau/Douvrin, dans le Pas-de-Calais, inaugurée en mai 2023, et dont la production a démarré quelques semaines plus tard. Ou encore celui des plans d'investissements et de décarbonation mis en place par quelques grands industriels, à l'instar d'ArcelorMittal à Fos-sur-Mer et Dunkerque. « L'objectif, c'est d'avoir le prix de l'énergie le plus compétitif possible, reprend la ministre. Et pour cela, il faut produire plus et consommer moins. Tout ça passe donc par la sobriété, l'efficacité énergétique et l'accélération

1. Toujours selon la loi de l'offre et de la demande, les pays exportateurs de pétrole peuvent jouer sur leur production pour faire varier les prix du pétrole sur les marchés.

des énergies renouvelables et décarbonées. Ce sont les trois leviers à activer dans les quinze ans qui viennent. Plus le nucléaire après. »

La sobriété… Elle a pourtant été l'un des grands axes de communication du gouvernement pendant toute l'année 2022, puis encore en 2023. Comme levier de la transition énergétique, mais aussi comme moyen de (re)construire une souveraineté nationale, avec un principe simple : moins on consomme, moins on est dépendant de ses fournisseurs extérieurs. Ou, dit autrement, pour paraphraser une rhétorique souvent utilisée dans ce domaine : la meilleure des énergies serait celle qu'on n'importe pas.

« C'est pour ça qu'on était intervenus avec mes collègues d'EDF et d'Engie », explique Patrick Pouyanné, le patron de TotalEnergies. Les trois dirigeants (Catherine MacGregor, la directrice générale d'Engie, et Jean-Bernard Lévy, alors encore P-DG d'EDF) avaient publié une tribune le 26 juin 2022 dans le *Journal du dimanche* pour appeler à une sobriété d'urgence. « La flambée des prix de l'énergie qui découle de ces difficultés menace notre cohésion sociale et politique et impacte trop lourdement le pouvoir d'achat des familles, y écrivaient-ils […]. Nous appelons donc à une prise de conscience et à une action collective et individuelle pour que chacun d'entre nous – chaque consommateur, chaque entreprise

– change ses comportements et limite immédiatement ses consommations énergétiques, électriques, gazières et de produits pétroliers. Nous devons engager un grand programme d'efficacité énergétique et une chasse au gaspillage national. L'effort doit être immédiat, collectif et massif. Chaque geste compte. Et ne nous trompons pas : économiser l'énergie, c'est augmenter le pouvoir d'achat et c'est aussi réduire les émissions de gaz à effet de serre. »

Se serrer la ceinture

En octobre 2022, le gouvernement lance enfin son grand plan sobriété, après quelques longs mois d'attente. Il s'agit de passer l'hiver sans trop de casse. Au menu, entre autres, l'augmentation de 15 % de l'indemnité forfaitaire de télétravail dans la fonction publique, la réduction du chauffage et de l'éclairage dans les lieux publics, les salles de sport et de culture ou encore la hausse des aides à la rénovation énergétique, avec pour objectif de diminuer la consommation totale d'énergie en France de 10 % d'ici à deux ans. « La sobriété est un pilier de notre planification écologique », souligne Élisabeth Borne, lors d'une présentation à la presse, aux côtés du ministre de l'Économie Bruno Le Maire et de la ministre de la Transition énergétique Agnès Pannier-Runacher. Elle ajoute : « Il y a quelques mois pourtant, peu d'entre nous étions familiers de ce concept (sic). Mais avec la guerre, avec l'urgence de la transition énergétique puis l'appel du président de la République, la sobriété s'est imposée comme une nécessité. » La cheffe du gouvernement indique néanmoins que cela ne signifie pas « produire moins et faire le choix de la décroissance ».

Lors d'un entretien réalisé à l'hôtel de Roquelaure quelques semaines plus tard, Agnès Pannier-Runacher revient sur la nécessité de changer de paradigme : « Le terreau de la surconsommation, ce sont les années 1980, années d'inflation à deux chiffres, explique-t-elle. Mais là où ça dérape vraiment, c'est à la décennie suivante, avec un impact écologique absolument massif. La croissance, qui avait nourri les économies post-Seconde Guerre mondiale, commence à nettement ralentir, sous l'effet notamment d'un tassement démographique. Il faut chercher la croissance ailleurs. Cela passe notamment par une optimisation à marche forcée, le *lean management*, le "juste à temps", le transport par conteneur d'un bout à l'autre de la planète… Bref tout ce qui permet de ne rien perdre nulle part pour baisser les prix au maximum. » Chemin faisant, les pays les plus développés génèrent ce que la ministre appelle des « points de risque », que l'on ne voit pas forcément tout de suite, ou que l'on ne veut pas voir, avec, au-delà de ces atteintes à la souveraineté, un perdant majeur : l'environnement.

« On sort enfin de l'ère de la naïveté, se réjouit de son côté Nicolas Goldberg. Et je suis plutôt confiant, je pense que cela va donner de bonnes choses. Les plans verts, toute cette accélération vers la transition énergétique, les pays européens qui commencent à se doter de vraies stratégies de renouvelable, avec une concomitance dans des stratégies bas carbone plus cohérentes que ce qu'on avait vu jusque-là. »

Quelques mois plus tard, la ministre de la Transition énergétique lance la suite de son plan sobriété, un « acte II », dit-elle. Nous sommes début avril 2023, alors que s'éloignent les risques de « délestage ». Pourquoi remettre la pression sur les administrations, les entreprises et les ménages ? Parce que le maître mot désormais, c'est la « pérennisation ». En d'autres termes, tirer les leçons des bonnes pratiques mises en place pendant l'hiver pour les installer durablement dans le temps, printemps, été et automne compris. Voire aller encore plus loin.

Pour cela, la ministre a convoqué une soixantaine d'entreprises parmi les 120 valeurs les plus importantes de la Bourse. Rendez-vous pris à nouveau dans son fief de Roquelaure (une « passoire énergétique lui aussi, dont certaines pièces sont très compliquées à chauffer », se plaint d'ailleurs pour l'anecdote l'un de ses résidents). La ministre explique vouloir « établir un premier bilan des mesures mises en place cet hiver pour réduire la consommation d'énergie, avec l'objectif désormais de pérenniser ces efforts, voire d'aller encore plus loin ». Parmi les engagements qui sont demandés (sans cadre coercitif), on retrouve pêle-mêle : le développement du télétravail, le non-déclenchement de la climatisation en dessous de 26 °C, ou encore le fait de fixer des seuils chiffrés de baisse de consommation énergétique. « L'appel à la sobriété a été entendu puisque nous avons atteint en trois mois l'objectif de baisse de 10 % que nous nous étions fixé, reprend la ministre[1]. C'est grâce aussi à la mobilisation des Français. Mais il ne faut pas baisser la garde. La sobriété n'est pas un sprint, c'est un marathon. Nous devons l'installer dans la durée pour réduire de 40 % notre consommation d'ici à 2050. »

En patron de la tour de contrôle RTE, Xavier Piechaczyk se trouve aux premières loges pour scruter le comportement des Français face aux recommandations du gouvernement. À ce titre, il partage l'enthousiasme de la ministre : « En baissant en moyenne de 10 % leur consommation au cours de l'hiver, jouant notamment sur le plus gros levier qu'est le chauffage, ils ont largement joué le jeu de la sobriété, estime-t-il. Ça a d'abord été les industriels, avec une douzaine de

1. Échange le 1er avril 2023 par mail.

pourcents, suivis par le tertiaire, donc les bureaux, et enfin les ménages. » Et le gestionnaire en chef du réseau haute tension de citer en exemple les 3 millions de téléchargements de l'application EcoWatt, symbole, selon lui, de l'implication du pays dans cette lutte contre le gaspillage énergétique.

Bis repetita placent

Aussi vertueuse soit-elle, la démarche pose néanmoins plusieurs questions, à commencer par la présence d'engagements déjà inscrits dans la loi et, par exemple, le seuil des 26 °C en dessous duquel l'utilisation de la climatisation est proscrite. « Le chauffage à 19 °C maximum était aussi dans la loi depuis 1978, se défend la ministre. Pourtant, qui appliquait cette règle avant le mois d'octobre 2022 ? La réussite du plan de sobriété énergétique tient au fait que nous avons su faire bouger les gros acteurs. Ce n'est pas en multipliant les règles et les interdictions qu'on obtient des résultats, mais en agissant concrètement sur le terrain aux côtés de chaque secteur. » « Agir sur le terrain » consiste donc à demander à de grandes entreprises qui n'ont sans doute eu que faire de la loi – par négligence ou parce que trop compliqué à mettre en œuvre – de s'engager néanmoins en apposant une signature sur un coin de papier. La belle affaire. Les deux principales raisons qui empêchent une loi d'être appliquée sont en général l'absence de volonté politique et/ou l'insuffisance des moyens de contrôle. Pas besoin d'avoir fait l'ENA, pardon, l'INSP, pour comprendre que ce qu'une loi n'a pu imposer, une charte n'y parviendra pas mieux. Comme d'autres, elle n'engagera une fois encore que ceux qui y prêteront une oreille.

Autre singularité de cette « charte » (elle n'en a pas officiellement le nom) : faire d'une mesure dont l'efficacité n'a pas été réellement prouvée un engagement. « Il s'agit d'une piste de réflexion pour actionner les leviers de sobriété les plus efficaces en fonction de la singularité de chaque entreprise », soulignait dès le mois d'octobre 2021 un porte-parole du ministère du Travail à propos du télétravail.

Cette mesure est alors envisagée comme « une bonne option, en fonction des circonstances », précise le même interlocuteur, qui insiste sur le fait qu'elle « relève avant tout du dialogue social de proximité » et qu'il n'est pas question d'en faire une règle générale. En clair : l'État ne sera pas prescripteur, les entreprises doivent garder la main sur ce sujet, même en cas de problèmes d'approvisionnement en gaz ou en électricité dans le pays. Les syndicats expriment leurs réticences. « Je doute que les gens veuillent télétravailler de chez eux sans contrepartie financière, sans augmentation des indemnisations[1] », répond alors Jean-François Foucard, secrétaire national emploi-formation de la CFE-CGC. « S'il faut payer les notes d'électricité à domicile, ça ne va pas le faire », ajoute Éric Chevée, vice-président de la Confédération des petites et moyennes entreprises, dans *Le Parisien - Aujourd'hui en France*.

Des réticences qui n'empêchent pourtant pas Agnès Pannier-Runacher de remettre le sujet sur la table six mois plus tard dans son acte II. La ministre s'appuie cette fois-ci sur le bilan d'une expérimentation commandée au moment de l'acte I, en octobre 2021, à l'Ademe et l'Institut français pour la performance du bâtiment. Il s'est agi de mesurer l'impact du télétravail sur la consommation d'énergie. Cette expérimentation a été menée pendant cinq mois (de novembre 2022 à mars 2023 inclus) sur dix bâtiments publics situés en Île-de-France, Centre-Val de Loire et Provence-Alpes-Côte d'Azur, avec l'aide d'une centaine d'agents volontaires pour que leurs consommations énergétiques (transports, électricité et gaz) soient scrutées à la loupe. Les premiers résultats, qui ne prennent en compte pour l'instant que les deux premiers mois du test, semblent

1. https://www.leparisien.fr/economie/business/crise-energetique-le-teletravail-pourrait-il-etre-renforce-cet-hiver-02-09-2022-EF2DMRYMKRGH7CFBM62ATGMNBI.php

encourageants. À condition toutefois de répondre à un certain nombre de critères assez contraignants, comme la fermeture totale (chauffage et éclairage baissés au minimum) et pendant plusieurs jours des bâtiments concernés.

« Dans le cadre de l'expérimentation, les fermetures ont été organisées sur des périodes de quatre jours, indique un conseiller de la ministre de la Transition énergétique[1]. Mais les effets positifs sur la consommation d'énergie se font ressentir dès lors qu'on diminue la température pendant au moins quarante-huit heures. L'économie réalisée est alors de l'ordre de 20 à 30 % par rapport à un jour normal, sans effets rebonds notables. » La hausse de consommation d'énergie chez les agents volontaires, du fait d'une présence accrue à leur domicile, n'aurait quant à elle pas dépassé 7 %. Pourquoi un chiffre aussi bas, alors que l'on pouvait s'attendre à avoir mécaniquement un transfert d'usage plus important du chauffage sur les lieux de travail vers les domiciles ? « Parce qu'une bonne partie des logements des salariés qui ont participé à l'expérimentation demeuraient chauffés quand ils étaient au travail, car d'autres occupants de ces mêmes logements pouvaient, eux, être à la maison[2] », détaille encore ce même conseiller. Une explication à compléter comme suit : « Les

1. Entretien le 31 mars 2023.
2. Entretien le 31 mars 2023.

Français pilotent malheureusement encore assez peu leur chauffage à la maison, les logements demeurent chauffés même quand ils sont vides. Résultat : télétravail ou pas, ça ne change pas grand-chose à la consommation. » Dit autrement : une partie des bons résultats de l'expérimentation serait donc due aux mauvaises habitudes des particuliers. Si ces dernières évoluent, avec la domotique notamment, et une meilleure sensibilisation aux enjeux de la sobriété énergétique, le télétravail comme levier de sobriété ne sera dans ce cas plus aussi pertinent.

« Les économies d'énergie sur le transport réalisées grâce au télétravail jouent néanmoins un rôle-clé dans le bilan global, insiste pourtant ce même membre du cabinet d'Agnès Pannier-Runacher. Elles sont également fortement dépendantes de la localisation du site et de la distance domicile-travail. À Paris, ces distances sont plus courtes et plus fréquemment réalisées à pied, à vélo ou en transport en commun. En région, en revanche, les distances sont plus importantes et la voiture, plus utilisée. L'économie de carburant est donc plus forte. L'expérimentation montre ainsi qu'en région, les économies d'énergie sont deux à quatre fois plus importantes qu'à Paris. »

De quoi confirmer les recommandations du Groupe d'experts intergouvernemental sur l'évolution du climat (Giec) qui, dans son troisième groupe de travail en 2022, incluait déjà le télétravail comme levier d'économies d'énergie ? « Cela doit vraiment s'inscrire dans un cadre précis, et au sein d'un bouquet de mesures complémentaires », nuance Leah Goldfarb[1], qui a travaillé pour le Giec et officie aujourd'hui comme responsable de l'impact environnemental au sein de Platform.sh, un hébergeur français de sites Internet. Comme le fait de privilégier le train par rapport à l'avion, d'acheter du matériel informatique d'occasion ou d'avoir un système de chauffage pilotable et performant. « Alors le télétravail peut effectivement avoir des effets vertueux sur la consommation globale, estime-t-elle. Avec un bilan énergétique positif entre la consommation des entreprises, et celle des salariés au sein de leurs logements. »

Le poids du « signal prix »

Résumons. Si la démarche de vouloir réduire notre consommation, et donc par là même notre dépendance à d'autres pays et surtout notre impact sur l'environnement, peut évidemment sembler *a priori* louable, la faiblesse de ces propositions, ainsi que le cadre volontairement non contraint dans lequel elle s'insère, en fait un acte politique qui n'aura sans doute que peu de portée.

1. Entretien le 1er avril 2023.

La sobriété observée pendant l'hiver 2022-2023, soit une diminution moyenne de 10 % de la consommation d'énergie dans le pays, repose pour la plus grande partie (au moins 7 %) sur le signal prix, qui a incité les entreprises mais aussi les ménages (alors même qu'ils étaient protégés par un bouclier tarifaire) à lever le pied sur leur consommation. La communication des pouvoirs publics n'a, elle, pesé que sur les 3 % restants, tout au plus.

Suffisant au regard des enjeux ? Que se passera-t-il lorsque les prix baisseront à nouveau ? « On voit que la sobriété devient un autre bon moyen de réduire la dépendance, confirme Fatih Birol, le directeur exécutif de l'AIE. La France, par exemple, a su mettre en place un plan efficace, avec des résultats très concrets. Mais attention, si une partie des économies réalisées repose indiscutablement sur des changements de comportements, une autre partie provient directement de la flambée des prix de l'énergie. À certains moments, l'industrie n'a eu d'autre choix que de réduire, si ce n'est arrêter, sa production. »

Conseiller sans contraindre, voilà donc la ligne de conduite de l'exécutif. Les gouvernements successifs estiment (sans le dire) que l'inflation des prix de l'énergie fera le reste. « Nous nous trouvons pourtant en situation d'urgence absolue, estime Nicolas Goldberg. Un vrai plan sobriété, qui s'inscrit dans le temps long, est plus que nécessaire. Les mesures prises jusqu'à aujourd'hui ne sont malheureusement pas assez efficaces, les plans insuffisamment structurés pour contrecarrer une explosion de la consommation électrique. Regardez par exemple la consommation grandissante des *datacenters*. Ou ce qui sera nécessaire pour remplacer le charbon par de l'hydrogène dans la production d'acier. Certes, cela permettra d'émettre bien moins de CO_2, mais cela demandera en parallèle d'énormes capacités électriques supplémentaires. »

Un peu plus de deux mois avant la convocation des 120 entreprises françaises cotées en Bourse, le 20 janvier 2023, une autre initiative reposait déjà peu ou prou sur le même principe. Et le 27 mars 2022, une charte (le nom est officiel cette fois) dite « de l'engagement des gestionnaires de gares, stations et aéroports […] en matière de sobriété énergétique » est signée entre le ministère de la Transition énergétique, le ministère des Transports, dirigé par Clément Beaune, et les principaux acteurs des transports publics en France (SNCF, RATP, etc.).

Objectif : « Mieux réguler la publicité lumineuse ». Il est vrai que demander à la France entière de mettre des pulls et de penser à éteindre la lumière quand on laisse les 100 000 écrans publicitaires allumés jour et nuit dans les rues des villes et les transports, ça fait un peu désordre.

Il fallait donc faire quelque chose. Trois engagements sont pris. Tenez-vous bien. Le premier : « Équiper (…) progressivement les dispositifs de publicités lumineuses (…) afin que ceux-ci puissent être éteints ou à défaut mis en veille. » En gros : installer des interrupteurs. Mais attention, pas question de brusquer les choses. La charte précise bien que cela pourra se faire « progressivement ».

Deuxième engagement : « Mettre en œuvre, lors de la fermeture des gares, stations ou aéroports (…), l'extinction ou la mise en veille des publicités lumineuses équipées du dispositif le permettant. » Là encore, prudence : seulement si un interrupteur est prévu. Or, comme le rappelle le premier engagement sus-cité : la plupart de ces écrans n'en sont pas dotés.

Troisième et dernier engagement, et non des moindres : « Établir une stratégie sobriété fondée sur des trajectoires de réduction des consommations électriques et d'émissions carbone du parc des publicités lumineuses en tenant compte des caractéristiques, usages et besoins des univers de transports selon leurs périmètres à la date de signature de la présente charte ». Vous vous êtes endormis avant la fin ? C'est fait pour. La stratégie de lutte contre le gaspillage énergétique du gouvernement, ou l'art de la rapporter à des objectifs qui n'existent pas.

À croire que les auteurs de cette charte se sont inspirés de *Catch 22*, de l'auteur américain Joseph Heller. Tel un Kafka d'outre-Atlantique, ce roman raconte l'histoire d'une escadrille d'aviateurs, basée sur la petite île italienne de Pianosa pendant la Seconde Guerre mondiale, et perdue dans les limbes d'une administration absurde. Dans le cas de Heller comme celui de Kafka, leurs romans ont connu un tel succès qu'ils sont passés à la postérité en devenant des expressions courantes en français et en anglais. Ainsi en anglais, une situation inextricable est qualifiée de *catch-22*. En français, elle sera « kafkaïenne ».

La charte de bonne conduite concernant les publicités lumineuses est un *catch-22* de la plus belle espèce. Elle ne veut strictement rien dire, ne mène nulle part et n'a d'autres objectifs que de donner bonne conscience à ceux qui l'ont édictée, et le sentiment aux citoyens que tout est sous contrôle. « Aujourd'hui encore, il est évident que c'est le bon moment pour revoir nos consommations à la baisse, analyse Patrick Pouyanné. C'est l'occasion ou jamais d'ancrer des comportements qui ne soient pas une remise en cause de la vie des gens. » La vie des gens ou celle des entreprises ?

La réno ou la vie

De son côté, France Stratégie, un centre de réflexion rattaché au cabinet du Premier ministre qui sert de vigie prospective pour l'action publique, avait publié au mois de mars 2022 une étude portant sur l'urgence de la rénovation énergétique des passoires thermiques, un autre levier important de sobriété. Pour rappel, la France s'est fixé pour objectif de réduire les émissions du secteur du logement de 50 % entre 2015 et 2030. Et de 100 % d'ici à la moitié du siècle. Pour cela, alerte France Stratégie, il va falloir « pousser loin à la fois les gains d'efficacité et la décarbonation du mix énergétique ». Et cela implique « des rénovations ambitieuses » qui permettent d'« atteindre des niveaux de performance énergétique élevés sur la plupart des logements ».

En France, maisons et appartements sont un gouffre énergétique. Avec le tertiaire, le secteur résidentiel est le premier consommateur d'énergie dans le pays et le quatrième plus gros émetteur de gaz à effet de serre, après le transport, l'agriculture et l'industrie. Surtout, 17 % des résidences principales, soit 5,2 millions de logements, sont des « passoires thermiques » selon l'Observatoire national de la rénovation énergétique[1], auxquelles on peut encore ajouter 2 millions de résidences secondaires. Et pourtant… La rénovation de ces logements serait rentable pour la société en moins de dix ans, selon ce même centre de réflexion. Car

1. https://www.ecologie.gouv.fr/observatoire-national-renovation-energetique

le surcoût de chauffage des logements les plus mal isolés va de pair avec la prise en charge de pathologies que leurs occupants (le plus souvent modestes) développent à cause du froid. Une étude du ministère de la Transition écologique parue en avril 2022 en faisait la démonstration, chiffrant à 7 500 euros par an le coût sanitaire et social moyen d'un logement malsain. Autant d'argent qu'une rénovation efficace menée sur le logement ferait, à l'inverse, économiser à ces mêmes occupants, et par extension (puisqu'une partie est prise en charge par la collectivité) à la société. À l'échelle du pays, une rénovation énergétique correctement menée, avec les budgets nécessaires, permettrait d'économiser 10 milliards d'euros en dépenses de santé. Juste de quoi maintenir la température intérieure à un niveau sain et en éliminant les problèmes pathogènes d'humidité et de moisissures. Et encore, en ne se concentrant que sur le 1,3 million des 4,8 millions de logements affichant la note F ou G sur leur DPE, soit les « passoires énergétiques » les plus insalubres, présentant « un risque santé significatif pour les occupants » selon la formulation des experts du ministère. Toujours selon les estimations des rédacteurs, dans de tels logements, « la probabilité moyenne qu'un occupant souffre d'un problème de santé dans les douze prochains mois est de 1 sur 18 », un risque que seule une rénovation globale peut permettre d'éliminer efficacement. Si l'opération n'est que partiellement conduite, « 20 % environ des effets avant rénovation subsistent » selon l'étude.

Les aides publiques

Lancé début 2020, le dispositif MaPrimRénov' constitue, avec les certificats d'économies d'énergie (CEE), l'une des principales aides à la rénovation énergétique des logements en France. La première année, il permet de financer la rénovation de 140 000 logements (pour 570 millions d'euros distribués). Puis encore 650 000 logements en 2021, et 670 000 en 2022, pour un montant distribué de 3,1 milliards d'euros (ayant généré un total de 8,9 milliards d'euros de travaux). Jolie montée en puissance mais un (gros) bémol néanmoins demeure : très peu jusqu'à présent ont servi à faire des rénovations globales (0,1 %, selon le comité d'évaluation du plan France Relance). Le dispositif a majoritairement soutenu des rénovations dites « mono gestes », et notamment des remplacements de chaudières.

Or, pour réduire suffisamment ses émissions de gaz à effet de serre et devenir neutre en carbone en 2050, comme désormais inscrit dans la loi, la quasi-totalité des logements devra faire l'objet de rénovations performantes afin de réduire de 60 à 75 % les consommations de chauffage et de 40 à 65 % les consommations pour l'eau chaude sanitaire. Ce sont ces économies d'énergie qui rendent possible la décarbonation et qui sont d'un ordre de grandeur bien différent que celles atteignables via des petits gestes.

Si elle veut réellement atteindre ses objectifs, il faudra absolument que la France change d'échelle. À commencer par la nécessité de réaliser (enfin) un recensement digne de ce nom du nombre de professionnels, ainsi que des compétences nécessaires pour la filière. On l'a vu, le nucléaire l'a fait en avril 2023 via une étude du Gifen. Alors pourquoi ne pas suivre l'exemple en évaluant concrètement les besoins de la filière des énergies renouvelables ? Et tant qu'à faire, ceux également nécessaires pour réaliser une véritable rénovation énergétique de nos bâtiments ? En parallèle, l'argent étant, là aussi, le nerf de la guerre, les investissements devront suivre le même chemin.

Aujourd'hui, ils s'élèvent à 15 milliards d'euros. Et encore, principalement sur des rénovations partielles. Or différentes études, de France Relance, mais également de l'Ademe, montrent que c'est au moins le double, soit plus de 30 milliards d'euros en investissements additionnels, qui serait nécessaire chaque année pour s'attaquer aux rénovations globales, seules garantes d'une politique de rénovation énergétique réellement efficace. Un financement qui pourrait sembler dispendieux s'il n'était pas mis en comparaison avec le gain sanitaire et social qu'il engendre immédiatement, comme nous l'avons vu plus haut.

« On observe quand même quelques incohérences notables entre le discours et ce qui est en réalité proposé en termes d'aides, fustige Audrey Zermati, la directrice de la stratégie d'Effy. D'un côté, les politiques répètent à l'envi qu'il faut aller vers de la rénovation globale, qui touche à la fois les combles, les sols, les murs et les fenêtres. Mais de l'autre, ce sont des gestes qui, accumulés, coûtent cher, pour les ménages comme pour l'État. Entre 40 000 et 70 000 euros selon les travaux et la taille du logement. » Ainsi, toutes ces dernières années, les pouvoirs publics ont préféré orienter les aides à la rénovation énergétique vers des petits gestes, ou des gestes unitaires (le remplacement des fenêtres, ou la rénovation des combles ou des murs, etc.), afin de pouvoir chaque année « gonfler » artificiellement le bilan. Alors qu'il faudrait en réalité en cumuler plusieurs, et dans le bon ordre, pour espérer réaliser un bon retour sur investissement.

Autre problème posé par la stratégie de ces aides publiques : elles privilégient de moins en moins l'isolation, et de plus en plus les systèmes de chauffage, et en premier lieu la pompe à chaleur, ou PAC. « Le geste le plus aidé aujourd'hui, c'est l'achat d'une pompe à chaleur, une PAC, confirme Audrey Zermati. Résultat, les ménages font les choses dans le mauvais ordre. Ils commencent par investir dans ce type d'appareil avant même d'avoir isolé leur logement. C'est une aberration. »

La solution serait de les inciter à suivre une sorte un parcours déterminé à l'avance en fonction de leur logement, et de bonifier ainsi les gestes réalisés dans le bon ordre, un peu dans la logique d'un carnet de fidélité. Au lieu de cela, on repart bille en tête dans une stratégie monolithique où la fée électricité se penchera sur le berceau de tous les ménages, pour mieux servir derrière son maître nucléaire. « C'est comme si on voulait atteindre plusieurs cibles avec la même balle, l'écologie, le changement climatique ou la relance d'une filière française, s'étonne encore Audrey Zermati. Il faut arrêter d'injurier l'avenir en continuant de mettre tous ses œufs dans le même panier, et en changeant régulièrement de panier en plus. On est en permanence dans un mouvement de balancier. Regardez la voiture, un jour le diesel, le lendemain l'essence. Le consommateur finit par être totalement perdu. »

Un cheval de Troie électrique

Avant de lire les lignes qui suivent, prenez quelques minutes pour vous promener sur Internet après avoir tapé dans votre moteur de recherche des mots comme « rues Paris 1900 » « fiacres » « voiture à cheval », etc. Vous y verrez des images surannées, pleines de charme, témoignage d'un autre temps où des employés de la Ville étaient chargés de nettoyer les rues des rejets des « moteurs » d'alors : le crottin de cheval.

Ce sentiment d'étrangeté, et peut-être un peu de nostalgie, eh bien c'est sans doute exactement ce que ressentiront nos petits-enfants, et surtout nos arrière-petits-enfants, quand ils regarderont à leur tour des images de nos villes d'aujourd'hui (d'ici là peut-être transposées en trois dimensions, projetées au fond de notre rétine, ou pourquoi pas carrément en image mentale directement dans notre cortex cérébral).

Sans doute également seront-ils atterrés par le bruit des rues, la pollution de l'air, l'agressivité au volant, l'« autosolisme », ou peut-être par le simple fait que ces étranges machines soient dotées d'un conducteur. Pourquoi ce parallèle ?

Parce que le bouleversement qui nous attend est du même ordre que celui du passage de l'hippo à l'auto.

Une arme géopolitique de choix

Les historiens identifieront peut-être cette date du 8 juin 2022 comme celle de la grande bascule, le jour où les députés européens ont officiellement voté la fin de la commercialisation des voitures à moteur thermique, essence ou diesel en 2035, soit cent cinquante ans après l'invention du moteur à combustion, l'objectif étant d'atteindre la neutralité carbone d'ici à 2050 dans le cadre du Pacte vert.

Ce jour-là, les parlementaires engagent avec ce vote l'une des plus grandes ruptures industrielles à venir de l'histoire, comparable donc au remplacement de l'hippomobile par la voiture dotée d'un moteur à combustion, ou encore à l'avènement d'Internet dans les années 1990. Seuls les voitures et les utilitaires 100 % électriques pourront alors être vendus, en concession, mais sans doute encore plus d'ici là en ligne. Les poids lourds, les bus et probablement les deux-roues seront – au moins temporairement – épargnés par cette nouvelle réglementation européenne. Mais dans la mesure où ils contribuent très largement à la pollution de l'air, des normes plus strictes en matière d'émissions comme de conditions de tests leur seront appliquées.

L'effort d'adaptation sera gigantesque. Pour l'État, les distributeurs et les collectivités, il faudra repenser tout le réseau. Les populations, elles, devront affronter un changement profond de l'usage de l'automobile, si ce n'est de toute la mobilité en général. Quant aux constructeurs, ils n'ont d'autre choix que de se mettre dès aujourd'hui en ordre de marche. Déjà tentent-ils, bon gré mal gré, de s'organiser pour ne pas se retrouver sur le bas-côté de la route. Une minorité par choix, la plupart par nécessité, contraints de s'adapter à des réglementations de plus en plus sévères.

« La voiture électrique représentait 2 % des ventes en 2017, rappelle Fatih Birol. On est monté à 15 % en 2022, et on dépassera sans doute les 50 % en 2030. Sa technologie permettra d'économiser 5 millions de barils de pétrole par jour [sur les 100 millions au total] d'ici à 2030. » Une révolution qui n'est pas sans danger : « Un seul pays produit déjà aujourd'hui plus de la moitié du marché mondial, alerte le directeur exécutif de l'AIE. Essentiellement des modèles d'entrée de gamme, très accessibles. L'autre moitié est assurée essentiellement par l'Europe, le Japon et les États-Unis, mais avec globalement des modèles bien plus onéreux. »

Aucune des marques « historiques », souvent centenaires, n'était demandeuse d'un changement aussi radical, qui remet en cause des traditions techniques acquises sur plusieurs décennies, mais aussi un modèle économique solidement installé. Un changement qui menace les emplois, et favorise l'émergence de nouveaux concurrents tout droit sortis du chapeau, à l'instar du *pure player* américain Tesla. Tous communiquent sur des programmes d'investissements titanesques pour les années à venir : 30 milliards d'euros pour Toyota ; 23 milliards pour Renault-Nissan ; des montants du même ordre pour Volkswagen et les grands constructeurs américains traditionnels. Les chiffres chinois sont moins connus (ou trompeurs), mais largement aussi importants. Une chose est sûre : le succès ne sera pas au rendez-vous pour tout le monde.

Et la Chine a une carte à jouer. Elle n'était pas une nation automobile, mais le devient, affichant déjà une longueur d'avance, qu'elle compte bien utiliser pour conquérir le marché européen. Fatih Birol ose un parallèle : « Pendant des décennies, les pays occidentaux installaient des bases militaires près des puits de pétrole pour les protéger. La Chine, elle, préfère vendre des voitures électriques. C'est une nouvelle arme économique, plus discrète mais tout aussi efficace. Et le risque de devenir dépendant de la Chine est réel. »

L'Europe pourra-t-elle contrer ces ambitions hégémoniques ? Quelles conséquences pour les ménages, la mobilité ou le pouvoir d'achat ? « Là aussi, fixer un objectif ambitieux, c'est une chose, y mettre tous les moyens pour l'atteindre en est une autre, avertit Fatih Birol. Et pour ne pas répéter l'erreur commise avec les panneaux solaires, là aussi l'Europe devra déployer énormément de moyens, notamment financiers (au travers de subventions, d'aides fiscales, etc.), pour être en capacité dans moins de douze ans de remplacer ses voitures thermiques par des voitures électriques qui ne soient pas en grande partie chinoises, mais aussi européennes. Je parle de dizaines, voire de centaines de milliards d'euros. La bonne volonté ne suffira pas. »

D'autant que l'Europe industrielle d'aujourd'hui n'a plus rien à voir avec celle des années 1980 ou 1990. « C'est encore plus vrai en France. On a un gros retard sur la Chine et les États-Unis, rappelle Nicolas Goldberg, de Colombus Consulting. Le pays avait rêvé d'une ère postindustrielle dans laquelle on ne ferait plus que du service, tout en vivant dans un état d'ébriété énergétique alors qu'on n'en produisait pas, à part de l'électricité, mais cela ne représente qu'une petite part de ce que l'on consomme. On voit ce que ces calculs ont donné. Il nous faudra au moins vingt ans pour nous remettre à flot. Et encore, si on prend les bonnes décisions. »

Même au sein de la Commission européenne, certains membres prônent la prudence et mettent en garde contre les conséquences industrielles et sociales de la fin du moteur thermique. À commencer par Thierry Breton. Dès l'été 2021, lorsque la Commission présente le projet de la fin de la commercialisation des véhicules thermiques au profit des 100 % électriques, le commissaire au marché intérieur milite pour que sa mise en place n'intervienne pas avant au minimum 2040. L'ancien ministre de l'Économie de 2005 à 2007 (gouvernement Raffarin III) connaît bien le monde de l'industrie. Il a été vice-président de Bull (1996-1997), P-DG de Thomson (1997-2002) puis de France Télécom (2002-2005).

Début novembre 2022, il fait une nouvelle fois part de ses préventions dans plusieurs médias français, énumérant les nombreux défis qui attendent l'industrie automobile, notamment sur l'approvisionnement limité des ressources comme le lithium, le cobalt, ou encore le nickel. Sans parler du problème du réseau de bornes de recharge, ainsi que des « 600 000 emplois [en comptant les intérimaires et les emplois indirects] détruits ». S'il ne remet pas formellement en question l'objectif de 2035, le commissaire annonce néanmoins la mise en place de groupes de travail pour suivre tous ces dossiers, se félicitant de l'instauration d'une clause de revoyure prévue pour 2026. D'éventuels aménagements pour 2035 se dessinent donc déjà. Thierry Breton va encore plus loin en rappelant que les voitures électriques sont elles aussi polluantes. De ce point de vue, un projet de réglementation doit limiter les émissions de particules lors du freinage et de microplastiques par les pneus, qui concerneraient toutes les voitures, y compris les modèles électriques[1]. Des propos qui en agacent plus d'un à la Commission.

Entre les atermoiements des uns et des autres, Fatih Birol compte les points : « Comme pour le solaire, c'est une course de fond, rappelle-t-il. Personne ne gagne la médaille du marathon en arrivant premier au bout de 10 kilomètres, c'est au 42e kilomètre que se joue la victoire. C'est la fable du lièvre et de la tortue transposée à l'énergie. J'ai rencontré les dirigeants des vingt plus grands constructeurs automobiles du monde, dont ceux des deux groupes français évidemment. Pour dix-huit d'entre eux, l'électrification de leurs produits constituait la priorité numéro un. Pas pour des questions d'environnement, mais parce que demain, ce sera le seul moyen de conquérir des parts de marché. »

Un risque de « casse sociale »

L'impact pour les constructeurs s'en ressent déjà. En France, les groupes Renault et Stellantis

1. https://www.lefigaro.fr/conjoncture/union-europeenne-thierry-breton-temporise-sur-la-fin-des-voitures-thermiques-en-2035-20221104

(issu de la fusion entre PSA et Fiat Chrysler), ainsi que les sous-traitants qui y sont rattachés, emploient encore 200 000 emplois directs, dont 12 000 intérimaires. Mais en une petite vingtaine d'années, le secteur a déjà perdu un tiers de ses effectifs (ils étaient 330 000 en 2004). Une sévère dégringolade. Et la prochaine décennie sera malheureusement à l'avenant. Souvenez-vous : la dernière fois qu'une usine automobile a ouvert dans le pays, c'était en 2001 à Onnaing, près de Valenciennes, à l'initiative de Toyota, un constructeur… japonais.

Au nom de la rentabilité, les deux groupes tricolores ont fait le choix inverse en délocalisant à tour de bras une grosse partie de leur production à l'étranger, en Europe de l'Est notamment, ou en Chine. Même les activités de recherche et développement ne sont plus concentrées en France. Stellantis emploie des ingénieurs au Maroc, en Chine, en Inde ; Renault en Roumanie ou également en Chine. En conséquence, en 2023, il reste officiellement 47 000 salariés en France chez Stellantis (contre 53 000 en 2017), et 38 000 chez Renault. La seule chute du diesel en touchera à terme encore de 10 000 à 15 000, anticipait début 2019 l'Observatoire de la métallurgie. Bien entendu, d'autres emplois seront créés. Mais pas forcément dans le giron direct du secteur automobile. Ni même forcément en France.

Le secteur est parfaitement conscient des risques que fait peser cette profonde transformation et tente de réagir. Ainsi en 2023, Stellantis comptait-il recruter 1 200 personnes, contre 1 050 l'année précédente. De quoi contrebalancer en grande partie le plan de 2 600 départs volontaires prévu sur deux ans, dont 1 300 en 2022. Et accentuer la formation à l'électrique, pour produire 1 million de véhicules dans l'Hexagone dès 2024 (contre 675 000 deux ans auparavant), dont six modèles électrifiés. Pas moins de 13 000 salariés ont ainsi été formés aux nouvelles motorisations en une seule année. À terme, le groupe compte doubler le nombre de modèles électrifiés, pour le porter à douze. Tous devraient être assemblés dans les usines françaises : les Peugeot 308, 308 break et 408 électriques à Mulhouse (Haut-Rhin) ; les SUV 3008 et 5008 électriques à Sochaux (Doubs) ; le futur SUV électrique de Citroën à Rennes (Ille-et-Vilaine).

L'équation ne sera pourtant pas simple. Quand il faut encore aujourd'hui cinq personnes pour construire une voiture essence ou diesel, il n'en faudra demain plus que trois pour une électrique. « Et encore, les compétences seront très différentes », alerte Fatih Birol. Ses services ont publié un rapport complet sur le sujet en avril 2023. Le spectre d'une gigantesque casse sociale plane sur le secteur. « Il faudra des aides financières et de la formation à la hauteur des enjeux, explique encore le directeur exécutif. On parle de dizaines de milliards d'euros d'investissements au moins. Sinon cela ne fera qu'alimenter le populisme et les dérives politiques qui vont avec. On voit en France ce qu'une décision mal anticipée, en l'occurrence la hausse d'une taxe sur les carburants, a donné en 2018. Ça a été le point de départ du mouvement des Gilets jaunes. » Là encore, Stellantis tente de relever le défi de la numérisation. Une « académie du logiciel et de la data » a été créée, avec l'objectif de recruter 4 500 ingénieurs à horizon 2024 dans ces deux thématiques, dont la moitié en externe. En interne, 700 salariés ont été formés dans ces domaines en 2022, dont près de 300 en France.

ZFE, les nouvelles ZAD ?

Voilà bien un dossier qui illustre toute la complexité de la mise en musique de cette transition énergétique, son implication et l'impact sur les populations. Le principe des ZFE, pour « zones à faibles émissions », est lancé en France en 2022 et fait à l'époque l'effet d'un coup de pied dans la fourmilière des 40 millions d'automobilistes du pays. Il définit un périmètre dans lequel la circulation des véhicules les plus polluants sera limitée, voire interdite, au moins sur certaines plages horaires. D'ici à 2025, au moins 43 métropoles et agglomérations doivent l'avoir mis en place.

Les émissions de gaz à effet de serre et de particules sont en France à l'origine de 40 000 décès prématurés par an, selon les chiffres de Santé publique France pour la période 2016-2019[1]. Ils étaient même 48 000 par an en 2007 et 2008, avant que les normes antipollution ne commencent à améliorer un peu les statistiques. Preuve que des mesures adaptées peuvent avoir un impact positif.

Depuis les années 2010, les gouvernements successifs ont cherché à multiplier les tentatives pour restreindre l'accès des véhicules les plus polluants aux centres-villes. Avec une efficacité toute relative. En 2019, sous la pression de l'Union européenne, la loi d'orientation des mobilités (LOM) va plus loin en lançant officiellement le principe des ZFE dans les secteurs où les limites de qualité de l'air se trouvent systématiquement dépassées. Deux ans plus tard, une nouvelle loi, « climat et résilience », durcit encore le cadre.

À terme, 13 millions de véhicules à moteur thermique sont concernés. Avec un accès rendu possible ou non en fonction du certificat de qualité de l'air Crit'Air, qui distingue chaque véhicule en fonction de sa classe environnementale, directement liée à l'ancienneté du moteur et à son niveau

1. https://www.santepubliquefrance.fr/les-actualites/2021/pollution-de-l-air-l-oms-revise-ses-seuils-de-reference-pour-les-principaux-polluants-atmospheriques

d'émission de particules fines. Une vignette, attribuant une note de 1 à 5, est apposée de façon permanente sur le pare-brise.

Un premier calendrier est établi, avec une interdiction des véhicules Crit'Air 5 en 2023, Crit'Air 4 l'année suivante, et enfin Crit'Air 3 en 2025. En parallèle, onze agglomérations délimitent leur première ZFE : le Grand Paris, Lyon, Aix-Marseille, Toulouse, Nice, Montpellier, Strasbourg, Grenoble, Rouen, Reims et Saint-Étienne. Trente-deux autres doivent leur emboîter le pas d'ici à 2025. Au-delà, ce sont toutes les agglomérations de plus de 150 000 habitants qui auront obligation de mettre en place un dispositif similaire.

Se déplacer dans une zone à faibles émissions avec un véhicule non autorisé ou ne présentant pas de vignette Crit'Air sera dès lors passible de sanctions. Les poids lourds, bus ou autocar, encourent une amende forfaitaire de 135 euros, pouvant grimper à 375 euros en cas de non-paiement, et les véhicules de particuliers, les deux-roues et les utilitaires légers, de 68 euros. Quelques métropoles procèdent déjà à des contrôles, mais de façon relativement sporadique. Courant 2024, la mise en place de radars relevant directement la plaque d'immatriculation aux entrées des villes devrait commencer à se généraliser.

Mais un problème persiste : selon un rapport du ministère de la Transition écologique publié fin 2020, les véhicules affichant une vignette Crit'Air 3, 4 et 5 représenteraient aujourd'hui 49 % du parc automobile français des particuliers. Et le chiffre monte même à 66 % pour les 20 % de Français les plus pauvres. D'où de gros soucis d'acceptabilité et d'équité, qui font craindre la transformation de cette mesure sanitaire et environnementale en bombe sociale, comme celle qui déclencha le mouvement des Gilets jaunes. Sauf qu'ici, l'échelle est tout autre. À l'époque, les gens craignaient que leurs trajets, notamment pour se rendre à leur travail, ne leur coûtent encore plus cher. Cette fois-ci, certains ont le sentiment qu'ils en seront carrément empêchés. Une consultation en ligne lancée par le Sénat entre avril et mai 2023 a reçu plus de 50 000 réponses. Un record. Selon ses résultats, 86 % des particuliers et 79 % des professionnels se disent défavorables au principe des ZFE. La colère gronde.

Quelques dérogations pourront néanmoins être accordées en fonction des cas, assurent les municipalités. À Strasbourg, par exemple, dont la maire, Jeanne Barseghian, membre d'Europe Écologie-Les Verts, a lancé sa ZFE en janvier 2022, une autorisation temporaire peut être donnée en cas de déménagement, ou pour approvisionner un marché. Un « pass ZFE 24 h » existe également, permettant à un véhicule d'entrer jusqu'à 24 reprises par an dans la zone concernée, chaque fois pour une durée de 24 heures. En parallèle, la métropole a prévu de dépenser 500 millions d'euros sur l'ensemble du mandat, jusqu'en 2026 donc, pour multiplier les solutions de mobilité décarbonées et alternatives, comme la création d'un réseau RER, ou encore le développement de lignes de tramway et de bus supplémentaires. Suffisant ? Rien n'est moins sûr.

D'autant que la mise en application d'une telle mesure, à la fois nationale et très locale, avec sans doute de nombreux traitements au cas par cas, risque de poser également un gros problème de lisibilité. Au point que certaines municipalités font déjà machine arrière. Ou du moins en ralentissent l'implantation. En juin 2023, la métropole de Lyon a choisi de lever sérieusement le pied, amputant son projet initial de l'extension géographique vers l'est de l'agglomération. Face à la fronde, d'autres villes modifient également leur calendrier.

Le gouvernement a saisi la mesure du problème. Mais que peut-il faire concrètement, pris en étau entre les injonctions de l'Europe d'un côté et une vindicte populaire déjà grandissante de l'autre ? Résultat, il se montre plutôt discret, se contentant de rappeler, chaque fois qu'il en a l'occasion, les aides en place, comme le bonus écologique ou la prime à la conversion. Il veut aussi développer le *retrofit*, qui consiste à remplacer un moteur à essence ou diesel par son pendant électrique. Emmanuel Macron a promis une offre de location de voiture électrique à 100 euros par mois. Mais ses services peinent à trouver un modèle économique viable. En parallèle, la députée et ancienne ministre de la Transition écologique Barbara Pompili a été chargée d'une mission ZFE. Au cabinet de Christophe Béchu, son successeur à ce poste, on met en avant la mise en place d'une concertation pour travailler sur l'harmonisation des règles et l'acceptabilité sociale. Une campagne de communication nationale est prévue pour fin 2023.

Une succession de micromesures donc, qui trahissent en réalité une fébrilité des pouvoirs publics. Il ne faudrait pas que ces ZFE deviennent les nouvelles ZAD, du nom de la « zone à défendre », ces 1 650 hectares tenus pendant près de neuf ans par les opposants au projet d'aéroport du Grand-Ouest, à Notre-Dame-des-Landes, en Loire-Atlantique. En 2019, le gouvernement avait en effet fini par abdiquer.

Signes extérieurs de richesse

L'autre gros point noir de cette transition à venir concerne l'offre. L'essor de la voiture électrique s'accompagnait à l'origine d'une promesse, celle d'une mobilité plus douce, économe, légère, partageable et moins statutaire. On nous parlait de la fin de la propriété, de l'« autosolisme », au profit de l'usage et de la démocratisation de l'autopartage. Mais chassez le naturel, il revient au galop, surtout quand il est question de chevaux, ou ici de kilowatts. La plupart des voitures électriques les plus récentes sont avant tout des vitrines technologiques, lourdes comme des tanks, équipées comme des avions de chasse et... horriblement chères. Hors de portée, donc, de l'immense majorité de la population. Les constructeurs, et notamment les deux français, privilégient la marge, avec des voitures à haute valeur ajoutée, au détriment du volume. Mais est-ce le bon choix à long terme, face à un marché en pleine mutation ?

Prenons la R5 100 % électrique par exemple. Dévoilée pour la première fois en janvier 2021, lors de la présentation du nouveau plan stratégique par Luca de Meo, le directeur général de Renault, ce modèle « néo rétro » (une tendance marketing très à la mode dans l'automobile) s'inspire (de très loin) d'une icône des années 1970 : la Renault 5, voiture la plus vendue en France neuf années de suite, de 1974 à 1983. Le public louait alors sa conception simple, sobre, efficace, et donc peu chère. Un rapport qualité/prix porté à son maximum, qui donnait le sentiment à son propriétaire d'en avoir pour son argent.

Lorsqu'elle est annoncée en 1971, la R5 première mouture lorgne elle aussi un succès passé : la 4 CV, avec sa conception sans fioritures pour un faible encombrement, apte à partir à l'assaut des grandes villes. Pour sa lointaine petite sœur 100 % électrique, c'est une tout autre histoire. Bardée d'électronique, et pas seulement pour la gestion du bloc motopropulseur, la R5 nouvelle mouture ne pourra sûrement pas s'appuyer réellement sur les codes qui ont fait le succès de son illustre aînée. Elle a pourtant vocation dès 2024 à remplacer la ZOE, la première voiture électrique commercialisée par Renault en 2012. Son prix ? L'entrée de gamme pourrait afficher un peu moins de 25 000 euros, bonus écologique déduit.

Comme un clin d'œil de l'histoire, la R5 a déjà existé en mode électrique. Un prototype aux couleurs bleu pastel produit en une dizaine d'exemplaires avait en effet été mis au point en collaboration avec EDF au début des années 1970. La ville de Dijon, dont le maire de l'époque, Robert Poujade, était également ministre chargé de la Protection de la nature et de l'Environnement, en a même utilisé quelques-unes. Plus à des fins marketing que pour réellement verdir sa flotte municipale. Il faut dire que les performances du modèle ne poussaient pas à une utilisation intensive, et encore moins à une future industrialisation. L'intégralité des sièges arrière est occupée par une batterie de 350 kilos, qui s'installe et s'enlève par le toit. Il ne roule qu'à 60 kilomètres à l'heure au maximum, pour une autonomie ne dépassant pas quelques dizaines de kilomètres. Mais surtout, l'électricité « représente la combustion de 8 litres de fuel dans nos centrales thermiques, relève un journaliste du *Monde* en 1974[1]. Elle est donc aussi gourmande en pétrole que ses sœurs à piston. » La faute, il est vrai, à l'époque à un mix électrique encore majoritairement carboné, le plan Messmer n'étant pas encore passé par là[2]. « C'est un premier pas », défendent ses concepteurs, promettant alors un développement « à partir des années 1980 ». Des projections pour le moins optimistes.

D'autant que la voiture électrique ne date pas d'hier. C'est même « une vieille dame style “belle époque” » comme l'appelle encore ce même journaliste dans son article. « On nous rebat les oreilles des recherches sur la propulsion à base de kilowatts, écrit-il. Manifestement, on ne fait qu'en parler. Rappelons simplement qu'un bolide électrique, la Jamais contente, atteignait 100 kilomètres à l'heure… en 1910. » En réalité,

1. https://www.lemonde.fr/archives/article/1974/06/29/la-voiture-electrique-de-m-jarrot-gadgets-ecologiques_3092234_1819218.html

2. Voir chapitre « Les fauteurs de troubles », p. 95.

ce véhicule en forme de torpille et doté de deux moteurs électriques avait déjà dépassé une telle vitesse onze années plus tôt, dès 1899, à Achères, dans la banlieue ouest de Paris. Mais c'est surtout aux États-Unis que l'on s'intéresse à l'électrique à l'époque. En 1897, une flotte entière de taxis électriques circule dans tout New York. Au point que l'on estime qu'entre 1900 et 1910, les voitures électriques ont pesé jusqu'à un tiers du marché automobile d'alors, avant que la Ford T ne fasse son apparition en 1908. Même si l'un des modèles est équipé un temps d'un moteur électrique, c'est celui fonctionnant à l'essence qui rafle bientôt la mise. Le constructeur américain en écoulera plus de 16 millions d'unités jusqu'en 1927, imposant pour de longues décennies la technologie à combustion. Et malgré la timide tentative de la R5 des années 1970, il faudra attendre encore près d'un siècle pour que l'électrique refasse sérieusement surface.

Gros SUV européen contre petite voiture chinoise

Mais la stratégie de certains constructeurs « historiques », Stellantis et Renault notamment, pose question. Nous l'avons vu, la nouvelle R5 ne semble pas totalement adaptée aux nouvelles exigences du marché encore balbutiant de l'électrique. Mais que penser alors de la 4L 100 % électrique, une autre résurrection également portée par Renault, présentée au Mondial de l'automobile en octobre 2022 ? Là aussi, le *concept car* n'a de l'icône des années 1960 et 1970 que le nom. Pire : avec ses allures de SUV sorti tout droit de *Terminator*, elle semble à côté de la plaque. Quelques jours avant ce Mondial, l'Ademe a d'ailleurs publié une note[1] où elle fustige cette stratégie de la démesure. La priorisation des SUV et du haut de gamme électrique est, selon l'Agence de l'environnement et de la maîtrise de l'énergie, un non-sens économique et écologique. « Sur l'ensemble de sa durée de vie, une voiture électrique roulant en France a un impact carbone deux à trois fois inférieur à celui d'un modèle similaire thermique, à condition que sa batterie soit de capacité raisonnable (inférieure à 60 kWh) », soit, soulignent les auteurs de la note, de quoi permettre jusqu'à 450 kilomètres d'autonomie homologuée sur une berline compacte. « Avec une batterie de taille supérieure, reprennent-ils, l'intérêt environnemental n'est pas garanti étant donné la variabilité des consommations liées à la masse du véhicule et aux conditions

1. https://presse.ademe.fr/2022/10/mondial-de-lautomobile-lademe-publie-son-avis-sur-le-vehicule-electrique-une-batterie-de-taille-raisonnable-assure-une-pertinence-climatique-et-economique.html

d'utilisation. Par rapport à une berline compacte diesel, la dette carbone est remboursée au bout d'environ 15 000 kilomètres pour un petit véhicule de type citadine électrique. Alors qu'elle n'est remboursée qu'après 100 000 kilomètres pour un SUV électrique haut de gamme. » Vous avez bien lu : 100 000 kilomètres ! Et encore, quand l'électricité qui lui permet de rouler a elle-même été produite de façon vertueuse. Ce qui est loin d'être le cas encore aujourd'hui dans bon nombre de pays, y compris en Europe. Proposer dans ce cas de tels modèles électriques, capables d'emmener toute une famille en vacances, mais qui ne transporteront en réalité que celui qui tient le volant 90 % du temps, constitue bien une « aberration écologique ».

Mais alors, que se passera-t-il en 2035 ? La voiture deviendra-t-elle peu à peu un bien de luxe que seuls quelques nantis pourront s'offrir ? Va-t-on assister à l'avènement d'une société à deux vitesses ? Point de révolution ici, si ce n'est celle des semi-conducteurs, juste une façon de faire du vieux avec du neuf. De leurs propres aveux, les dirigeants du secteur – à commencer par Carlos Tavares, le patron de Stellantis – ont fait le choix totalement assumé de la profitabilité immédiate. Cap donc sur l'ultrarentabilité, avec un seul objectif : monter au maximum en gamme, à l'instar des Allemands, en proposant aux clients toujours plus d'options. Soit… l'exact opposé de la stratégie chinoise.

Quelle nationalité pour votre prochaine voiture ?

BYD, Seres, Geely, WEY, etc. Ces noms ne vous disent pas grand-chose ? Attendez un peu. Car tous ces constructeurs chinois se tiennent en embuscade. Leur objectif ? Se lancer à l'assaut du marché mondial de l'automobile électrique après avoir inondé le marché intérieur de leurs produits. Avec quelle stratégie ? Celle du cheval du Troie. Ce qu'on appelle aussi communément en marketing « mettre le pied dans la porte », soit capter l'attention de son interlocuteur le temps de le convaincre.

Une première tentative avait été menée dans les années 2000 par une poignée de ces constructeurs – Jiangling Landwind, Brilliance, Qoros et autres Great Wall Motors (GWM) en tête – pour conquérir le marché européen. Mais leurs voitures à l'époque souffraient d'une finition approximative et d'une technologie souvent obsolète. Impossible de soutenir la comparaison avec les grands constructeurs occidentaux. Qu'à cela ne tienne. Ils ont revu leurs gammes pendant une vingtaine d'années et profité du bond technologique que leur offrait l'électrique pour revenir en deuxième manche, en étant cette fois-ci sûrs de leurs atouts, bien aidés par leur gouvernement. Jusqu'en 2018, nous l'avons vu, ce dernier imposait aux constructeurs étrangers désireux de vendre sur le marché chinois (le premier mondial) de s'allier avec des acteurs locaux, ce que durent faire par exemple Renault et PSA avec DongFeng. De quoi opérer d'innombrables transferts de technologies, avant, dans un second temps, de développer leur propre savoir-faire. Le temps est venu aujourd'hui de l'exporter par-delà les frontières, avec des armes fourbies depuis plusieurs années déjà. Geely avait ainsi pris soin de racheter le suédois Volvo dès 2010. Trois ans auparavant, Shanghai Automotive Industry Corporation (SAIC), le premier constructeur du pays, avait repris dans son escarcelle l'icône britannique MG.

Après la création d'une filiale française, une concession s'est ouverte début 2020 en plein cœur de Paris, sur 2 200 mètres carrés répartis sur cinq niveaux, à deux pas de la place de la République, pour y commercialiser la MG ZS EV, un SUV 100 % électrique, à l'époque pratiquement au prix d'une Renault ZOE, pourtant de gamme inférieure. « La Chine joue encore son *round* d'observation, expliquaient alors Jean-Michel Prillieux et Jamel Taganza, du cabinet Inovev, spécialiste du marché automobile. Avant de lancer une offensive de plus grande envergure qui passera forcément par une guerre des prix, à l'instar de celle qu'elle avait mise en place dans la téléphonie. » Quand on vous parle de cheval de Troie…

Ainsi, en sept ans, entre 2015 et 2022, le prix moyen d'une petite citadine électrique chinoise est passé de 30 000 à 10 000 euros quand, sur la même période, les tarifs européens augmentaient en moyenne de 15 %. Le bas du marché de l'électrique (20 000 euros et moins) représente désormais 41 % des ventes de neuf en Chine ; contre 8 % en Europe[1]. De quoi accumuler une expérience et un savoir-faire précieux qu'il sera de plus en plus difficile de concurrencer au fur et à mesure que l'échéance de 2035 approchera.

L'enjeu de la batterie

Sur le plan de la souveraineté industrielle, la généralisation de l'électrique va également nécessiter une accélération de la localisation européenne de fabrication des batteries. Pour optimiser l'impact environnemental, il faudra aussi disposer d'une production d'énergie décarbonée plus importante qu'aujourd'hui. À sa production comme à l'usage, le bilan carbone de la voiture électrique ne sera pas du tout le même en Pologne, où 82 % de l'électricité est produite à

1. Chiffres issus de « Analyse du marché automobile », cabinet Inovev.

partir de combustibles fossiles (72 % de charbon, 9 % de gaz naturel et 1 % de pétrole en 2022), ou en France, où la part est radicalement inversée, avec 86 % d'électricité à partir d'énergie fortement décarbonée (63 % nucléaire, 11 % hydraulique, 8 % éolien et 4 % solaire[1]).

Quant à la massification de l'offre électrique, elle provoque déjà de très fortes tensions sur le prix des matières premières, à commencer par le lithium, le cobalt ou encore le nickel, ainsi que certaines terres rares. Celles-ci vont renchérir les coûts de fabrication et placent, comme nous l'avons vu, l'Europe dans une situation de dépendance qu'elle devra absolument surmonter, au risque sinon de se retrouver pieds et poings liés à un très petit nombre de pays, à commencer par la Chine.

Enfin, reste à résoudre la question du recyclage des batteries. La voiture électrique, comme n'importe quelle activité humaine, production industrielle, outil de mobilité ou source énergétique, demeure polluante, comme le soulignait le commissaire européen Thierry Breton. Elle n'a donc rien d'une panacée. Ne pas tenir compte de l'intégralité de ces questions, c'est prendre le risque de se retrouver dans quelques années face à un rejet massif de cette technologie et des politiques qui l'auront mise en place.

1. RTE, bilan électrique de 2022.

Dépasser les bornes

En mai 2023, le seuil symbolique des 100 000 points de recharge a été franchi en France, avec deux ans de retard sur les objectifs. Attention, une borne peut regrouper plusieurs points, un peu comme une prise multiple. Seulement 40 000 « bornes » en réalité ont été déployées sur tout le territoire. Aussi nécessaire que ce seuil symbolique soit, il est bien loin d'être suffisant. Il faudra encore mettre les bouchées doubles d'ici à 2035. Et en attendant, se poser la question du devenir des 11 000 stations-service en activité dans le pays (elles étaient 40 000 au début des années 1970).

« Pourquoi les garde-t-on, notamment en zone rurale ? s'interroge encore Patrick Pouyanné. En 2019, j'avais même mis en place un moratoire sur les fermetures de stations. Ces stations de campagne vendent très peu, mais elles font partie d'une mission qui va au-delà de faire des profits, qui est de l'ordre sociétal. On s'était fixé le pari que 90 % des Français aient une station à moins de dix minutes. C'est une forme d'utilité sociale. Rationnellement en termes de profits, si on se comportait vraiment comme les gens disent qu'on se comporte, en ne visant que des superprofits, effectivement, on fermerait tout ça. On ne le fait pas parce qu'on a conscience de notre mission d'apporter de l'énergie aux gens. »

Il est vrai que les marges de la distribution de carburant sont extrêmement faibles, moins de 1 %. Le groupe le rappelle chaque année au moment de la publication de ses résultats financiers : il réalise l'essentiel de ses bénéfices en dehors du pays, dans les zones du monde où il extrait le pétrole, d'où la faible proportion d'impôts payés sur le sol français. Fermer définitivement ses stations ne changerait donc pas grand-chose à son activité globale, mais son image s'en trouverait sérieusement écornée, sans parler de la bronca politique que cela ne manquerait pas de soulever.

« Je pense que les communes rurales joueront un rôle moteur dans le déploiement de l'électrique, analyse le patron de TotalEnergies. Mettre une borne de recharge dans un pavillon ou une maison, c'est quand même plus facile que dans la copropriété d'un immeuble en région parisienne. Et contrairement à ce qu'on pourrait penser, dans la majorité des cas dans ces zones, l'autonomie n'est pas un problème. Les habitants déposent leurs enfants à l'école, vont au travail puis reviennent le soir à la maison – ils ne font pas 1 500 kilomètres par jour, ils en font 50. Donc, pour eux, passer au véhicule électrique, c'est un gain rapide. Alors concernant les stations rurales, on va voir un phénomène de substitution peut-être plus rapide qu'en ville. Là où ça va être plus compliqué, c'est le périurbain et les copropriétés, ça m'inquiète un peu. Il faut accélérer leur équipement. »

Convertir les voitures en mini centrales électriques

Désormais, sur certains parkings japonais, il est possible de payer non pas en carte bleue mais avec quelques kilowattheures d'électricité contenus dans la batterie de sa voiture. Ce petit tour de passe-passe est rendu possible grâce au *vehicle to grid* (V2G), que l'on peut traduire par « du véhicule au réseau ». Cette technologie a été développée juste après la catastrophe de Fukushima en 2011, quand Nissan, l'un des principaux constructeurs automobiles du pays, a déployé une soixantaine de Leaf, son modèle phare 100 % électrique, pour alimenter en courant des foyers autour de la centrale.

Aujourd'hui, les batteries des voitures électriques ne servent essentiellement qu'à la mobilité, en fournissant suffisamment d'énergie pour parcourir plusieurs centaines de kilomètres avec une seule charge. Le reste du temps, qu'elle soit électrique ou non, une voiture est stationnée en moyenne vingt-deux heures sur vingt-quatre. « C'est un gros chat qui dort », avait résumé Luca de Meo, le directeur général de Renault, lors d'une rencontre en 2020 dans son bureau au siège de Boulogne-Billancourt. Que faire de tout ce temps où elle ne sert à rien ? Pour les modèles équipés d'un moteur thermique, pas grand-chose. Pour ceux, en revanche, fonctionnant uniquement avec leur batterie, possiblement des merveilles.

Hier, partout dans le monde, le réseau de distribution électrique était vertical. Il descendait du producteur pour arriver directement chez le consommateur. Aujourd'hui, déjà, et plus encore demain, avec la multiplication des points de consommation (y compris mobiles, avec les véhicules électriques), cette distribution deviendra nettement plus horizontale et même… bidirectionnelle. Le réseau devra non seulement proposer des points de recharge partout, mais se trouver également dans la capacité de répondre à des demandes en temps réel, parfois imprévisibles, et en provenance d'une multitude de points. Et ce n'est pas tout : pour gagner en souplesse, il devra également être capable, le cas échéant, de « reprendre » de l'électricité, directement auprès des consommateurs.

Ce concept de « réseau intelligent » ne date pas d'hier. Bien avant Fukushima, de l'autre côté du Pacifique, en Californie, une association d'électriciens du monde entier, l'Electric Power Research Institute (EPRI), avait décrit dès les années 2000 tous les avantages d'un *Intelligrid*, rebaptisé par la suite *Smart Grid*. S'en était suivie une foule d'expérimentations, dans le nord de l'État, ainsi que dans l'Oregon, où des foyers pouvaient programmer leurs appareils et remettre de l'électricité sur le réseau, moyennant des tarifications modulables et des incitations financières. À son arrivée au pouvoir en 2004, Barack Obama n'avait pas hésité à mettre 11 milliards de dollars sur la table pour pousser plus loin ces recherches, convaincu du potentiel que recelait cette innovation après notamment la gigantesque panne électrique à New York en 2003. Des milliards de dollars avaient été dépensés, sans pour autant que les recherches n'aboutissent à des résultats concrets.

Aujourd'hui, avec l'avènement de la voiture électrique et les problèmes que pose son intégration au réseau électrique, le sujet se retrouve sur la table. Avec des affirmations souvent contradictoires. Du côté d'EDF par exemple, ou de l'État, son actionnaire principal, qui affirment que la démocratisation de cette technologie, avec 15 millions de véhicules électriques prévus sur nos routes en 2035, va grandement peser sur la consommation d'électricité. Quand RTE affirme de son côté que la voiture électrique n'induira que 8 % d'augmentation de cette même consommation, que les nouvelles capacités à venir (renouvelables d'abord, puis nucléaires), ainsi que différentes nouvelles techniques d'optimisation, devraient être en capacité d'absorber.

Demain, lorsqu'une voiture ne sera pas utilisée mais branchée à une prise, sa batterie pourra fournir de l'électricité aux maisons environnantes, mais également servir de système de stockage pour soutenir un réseau soumis à l'intermittence des énergies renouvelables, à l'indisponibilité de réacteurs ou plus simplement aux pics de consommation, notamment en hiver autour de 19 heures. De quoi éviter ainsi de mobiliser inutilement des moyens de production, notamment thermiques, coûteux et très polluants. Des applications permettront de choisir le moment le plus opportun (celui où le prix de l'électricité est le plus bas, où le réseau se trouve à l'équilibre) pour recharger la batterie et permettre de parcourir avec son véhicule les distances programmées.

Ces dernières années, Nissan a conclu, via sa filiale Nissan Intelligence Mobility, plusieurs dizaines d'accords avec des collectivités locales dans tout le Japon. Celles-ci font de ses véhicules des groupes électrogènes mobiles permettant de rétablir le courant dans les habitations qui en seraient privées, après un tremblement de terre par exemple. Comme ce fut le cas en 2011. À Oppama, l'une de ses trois grandes usines nationales, située dans la ville de Yokosuka-shi, face à la baie de Tokyo, où est justement produite la Leaf, une poignée d'utilisateurs de voitures électriques ont donc la possibilité de régler leur stationnement en électrons. Dès 2016, Nissan a développé le V2G en Europe, d'abord au Danemark, puis au Royaume-Uni et en Allemagne.

Même la Chine – qui rappelons-le vise 40 % de voitures électriques sur son marché intérieur d'ici à 2040 – lorgne sur cette technologie. Une première expérience a été tentée à Shanghai dès 2020. Par la suite, une quarantaine d'autres programmes pilotes ont été lancés à travers tout le pays.

En France, le *vehicle to grid* se trouve toujours en phase d'étude, notamment auprès d'entreprises et de collectivités locales, dont les mouvements de flotte sont plus prévisibles que ceux de la population générale. Les timides avancées contrastent étonnamment avec le potentiel que lui prédisent ceux qui y travaillent, avec des moyens mobilisés qui ne semblent pas à la hauteur des enjeux. Début 2022, RTE a pourtant certifié le principe, officialisant ainsi la collaboration entre le réseau et les constructeurs.

« Les voitures électriques sont assises sur un énorme potentiel, s'enthousiasmait déjà début 2022 Éric Mevellec, P-DG de Dreev, une coentreprise créée en 2019 entre EDF et la start-up californienne Nuvve. Durant ces fameuses vingt-deux heures où elles sont immobilisées, toute l'électricité que leurs batteries renferment peut participer à l'équilibre du réseau[1]. » Un volume d'électricité important puisqu'il est susceptible

1. Entretien le 28 janvier 2022.

de répondre aux besoins de toute une famille pendant quatre à cinq jours. Dreev a lancé en 2020 une vaste expérimentation à l'échelle d'un département, avec son dispositif Flexitanie dans le Gard : 38 bornes y ont été installées, spécifiquement destinées à une flotte de Nissan Leaf. Le courant ainsi récolté est redistribué aux entreprises et aux collectivités locales, selon leurs besoins.

Dix-huit mois plus tard, Éric Mevellec se montre toujours aussi confiant dans la technologie. « Nous avons installé plus de 200 bornes V2G dans toute l'Europe, dont 95 % en France, confie-t-il. Flexitanie va encore monter en puissance, pour passer rapidement de 38 à une centaine de bornes d'ici à 2024. Un dispositif similaire, RIGE, pour Recharge Intelligente Grand Est, se trouve également en cours de déploiement, avec une centaine de bornes à la clé, sans compter 400 supplémentaires classiques [1]. » Un autre projet est en cours, baptisé EVVE, acronyme de *Environmental Valorization of Virtual Electricity*. Il réunit un consortium de plusieurs constructeurs, dont Renault, autour d'EDF, avec le soutien du Fonds pour l'innovation européen, qui accompagne des projets de décarbonation. EVVE a déjà permis d'installer 200 bornes dans toute l'Europe, dont la France, sur les 800 prévues,

1. Entretien le 8 juin 2023.

destinées spécifiquement à des entreprises dotées de flotte automobile. Objectif : créer une grande batterie virtuelle de 8,36 MW, qui puisera donc son énergie dans des centaines de véhicules électriques compatibles.

La compatibilité, voilà le principal point d'achoppement. Que ce soit Nissan, Kia, Audi, Honda ou quelques autres constructeurs, chacun travaille plus ou moins de son côté. « C'est un vrai défi, estime Éric Mevellec. Si l'on veut que la technologie se développe à l'échelle industrielle, il faudra se mettre d'accord sur une norme et des compatibilités. En attendant, chacun avance dans son coin. Un peu à l'image de la guerre des chargeurs que se mènent les constructeurs de smartphones depuis des années, entre le système Lightning d'Apple et l'USB-C de Samsung par exemple[1]. »

Renault a de son côté mené plusieurs expérimentations, notamment à Utrecht aux Pays-Bas, mais également à Porto Santo, petite île de 5 500 habitants dans l'archipel de Madère au Portugal. L'énergéticien local, EEM (Empresa de Electricidade da Madeira), a conclu un accord avec la firme au losange. Non raccordée électriquement au

1. Apple a communiqué en septembre 2023 sur le fait que tous ses appareils, téléphones compris, seraient pourvus désormais d'une prise USB-C, devançant ainsi la nouvelle réglementation à venir.

continent, et avec un mix énergétique à 85 % dépendant du fioul, l'île présentait les conditions idéales pour tester grandeur nature tous les avantages du V2G. Le constructeur tricolore a ainsi accepté d'intégrer vingt-deux véhicules électriques à l'expérience : seize ZOE et six Kangoo ZE.

« Les phases tests sont pratiquement terminées, explique Alain Thoral, directeur service Énergie chez Mobilize, une filiale de Renault centrée sur les nouvelles mobilités et les services annexes (financement, assurance, recharge, gestion de flotte, etc.). La prochaine étape, c'est la commercialisation de la technologie. Elle sera proposée de série sur certains modèles de la nouvelle Renault 5 électrique, mais également sur le futur Scénic ou la Mégane E-Tech[1]. » Un contrat *ad hoc*, avec le fournisseur d'énergie allemand The Mobility House, sera proposé en parallèle de l'acquisition de la voiture, ainsi que l'installation d'une borne spécifique dite « bidirectionnelle » pour un coût compris entre 1 300 et 1 700 euros, soit peu ou prou les mêmes tarifs qu'une borne classique.

Mais que se passe-t-il si un utilisateur V2G a besoin de sa voiture en pleine nuit, pour emmener quelqu'un à l'hôpital par exemple ? « La règle numéro un que nous avons suivie dans tous les développements de la technologie, c'est la priorité

1. Entretien le 19 juin 2023.

à la mobilité, explique Alain Thoral. Il y aura ainsi toujours un minimum de charge dans la batterie, 20 % par exemple, ce qui permet déjà de faire une bonne centaine de kilomètres. Mais le client pourra choisir d'augmenter encore ce plancher, afin de ne jamais se retrouver coincé. »

Va-t-on enfin voir le V2G se développer dans le pays ? Il faut l'espérer, car outre le bénéfice que la technologie pourrait apporter au réseau et à l'environnement, elle pourrait également représenter un intérêt financier pour les propriétaires de voitures 100 % électriques, qui coûtent encore très cher à l'achat. Comment cela ? En monétisant le service rendu. « Nous estimons que ces clients pourront gagner 20 euros par véhicule et par mois », indiquait déjà Éric Mevellec en 2019. Ce que confirme quatre ans plus tard Alain Thoral : « On est bien dans ces ordres de grandeur. L'offre de Renault permettra de bénéficier d'une énergie bas carbone garantie, grâce à des certificats d'origine, au moment où elle coûte le moins cher. Et il sera possible de la réinjecter dans le réseau quand elle ne sera pas utilisée pour la mobilité et qu'elle coûtera plus cher. De quoi faire de vraies économies, et transformer la voiture en une source à la fois d'énergie et d'économie. » Pour une utilisation moyenne de 12 000 kilomètres par an, Mobilize certifie que son système V2G permettrait de garantir « 50 % de la recharge du véhicule remboursés ».

Autre débouché : permettre aux particuliers qui ont fait le choix de l'autoconsommation, avec des panneaux solaires par exemple, de stocker l'électricité dans la batterie de leur voiture la nuit et de l'utiliser le jour quand ils n'en ont pas besoin pour rouler, et créer ainsi un système partiellement fermé.

Le rapport *Futurs énergétiques 2050* de RTE s'est penché sur le potentiel du V2G. « Tirer le meilleur parti du potentiel de flexibilité voire de stockage que représentent les véhicules électriques présente un intérêt », écrivent ainsi les auteurs du texte, qui projettent à l'horizon 2035 que « la capacité de stockage cumulée des véhicules électriques devrait représenter entre six et onze fois celle des stockages hydroélectriques actuels ». Mieux, en 2050, cette capacité représentera un potentiel de production de 1,7 GW, soit pratiquement la puissance de 2 réacteurs nucléaires de première génération.

« En puissance installée, 30 000 voitures, c'est effectivement l'équivalent d'une petite centrale à gaz, confirme encore Alain Thoral, de Mobilize. Cent mille voitures, c'est donc un réacteur nucléaire. Mais attention, on ne parle pas de flux, car les voitures ne seront évidemment pas toujours disponibles pour le réseau. Leur raison première, c'est bien évidemment la mobilité. On ne peut donc pas comparer directement avec l'énergie produite par une centrale à gaz ou nucléaire. Mais cela donne un ordre de grandeur. Ce qui est important à retenir, c'est que l'ajout de la capacité des voitures électriques sur le réseau permettra de réduire de façon significative l'utilisation de ces centrales, plus coûteuses et parfois plus polluantes, notamment lors des pics de consommation. »

Conclusion
Le courage d'un autre choix

Le charbon a mis un siècle et demi pour se hisser au premier rang des ressources énergétiques, en assurant plus de la moitié de l'approvisionnement mondial. Il faudra deux fois moins de temps au pétrole pour lui ravir la place. Ces deux ressources disposent alors d'une inertie considérable, tant elles se sont insinuées dans chaque pan de notre quotidien et de nos économies.

Chercher aujourd'hui à s'en défaire, pour les remplacer par d'autres plus efficaces, moins chères et surtout – faut-il l'espérer – moins polluantes, s'apparente au travail d'un toxicomane qui tente de se débarrasser d'une addiction féroce. D'autant que la démarche n'est pas sans risques. De graves crises peuvent surgir, économiques et donc, par la force des choses, sociales.

Celle du charbon en 1873 en Grande-Bretagne a par exemple participé à la propagation d'une longue dépression dans toute l'Europe. Cent ans plus tard, les deux chocs pétroliers de 1973 et 1979 ont plongé les nations occidentales, totalement accros à l'or noir, dans la sidération. En Grande-Bretagne encore, dans les années 1984 et 1985, la volonté de la Première ministre, Margaret Thatcher, de fermer les vingt mines de charbon les moins rentables du pays, entraîna l'une des grèves les plus longues et les plus dures de son histoire.

En 2022, nous l'avons vu au long de cet ouvrage, est apparue une nouvelle crise, consécutive à l'invasion de l'Ukraine par la Russie. Son ampleur inédite a révélé au grand public le bazar dans lequel le secteur de l'énergie évoluait. « Bazar » est évidemment un euphémisme. Entre alliances douteuses et chantage à la fourniture, choix décidé en dépit du bon sens ou dans l'intérêt d'une petite frange, cours erratiques et prix stratosphériques…, les entreprises comme les ménages se sont retrouvés plongés dans la confusion la plus totale, avec une grande victime collatérale : l'environnement.

La guerre en Ukraine a été l'étincelle, mais la poudre du chaos avait été disséminée bien avant. La déflagration s'est propagée aux quatre coins de la planète. L'Europe a réagi tant bien que mal, réorganisant ses approvisionnements tout en misant sur la sobriété pour passer le premier hiver. Dès l'année suivante, le plus dur semblait derrière nous, sans conséquences majeures pouvait-on espérer.

Quelques voix pourtant s'élèvent aujourd'hui pour nous mettre en garde : relâcher l'effort prématurément serait bien la pire erreur à commettre. « On est loin d'en avoir terminé avec les tensions », nous avertit Fatih Birol, le directeur général de l'AIE. Mais également parce que le vrai danger ne réside pas dans les quelques coupures d'électricité ou de gaz que nous pourrions subir au plus fort d'un hiver.

Parmi les exemples cités plus haut, la crise du charbon au XIXe siècle n'a nullement contré l'appétit de la révolution industrielle pour les matières premières dont elle tirait son expansion. La chute des prix du baril de pétrole, dans les années 1980, a effacé d'un claquement de doigts toutes les bonnes résolutions de la décennie précédente. Quant à celles scandées durant l'année 2022, elles semblent déjà faire long feu. Et ce n'est pas une énième version d'un plan sobriété lancée à l'aube de l'hiver qui y changera grand-chose.

« Notre maison brûle et nous regardons ailleurs », alertait déjà Jacques Chirac en 2002 à Johannesburg, dans une formule devenue célèbre. Vingt ans plus tard, si nous détournons le regard une fois encore, à l'instar des protagonistes du film *Don't Look Up*, qui ne veulent pas voir la météorite leur fonçant droit dessus, dans une allégorie assumée du réchauffement climatique, qu'adviendra-t-il ? Nous avons utilisé toutes nos cartouches, joué nos va-tout, sorti nos jokers… Ce sera sans doute la fois de trop.

Et pourtant… Lors de l'édition 2023 du Salon international de l'aéronautique et de l'espace du Bourget, les commandes d'avions ont connu une augmentation historique (plus d'un millier d'unités pendant la seule semaine que durait l'événement). Pourquoi une telle frénésie ? Les avionneurs présents avaient consciencieusement préparé leurs éléments de langage : d'ici à vingt ans, le nombre d'avions en activité aura pratiquement doublé, d'après les prévisions de l'Association internationale du transport aérien. Hors crises, le trafic augmente en moyenne de 6 % par an, au point que Boeing comme Airbus annoncent le doublement de leur flotte sur la même durée.

Pour alimenter leurs moteurs, ils peuvent compter sur la diligence des géants pétroliers. En 2023, des poids lourds du secteur comme le britannique BP ou l'anglo-néerlandais Shell annonçaient renoncer à la plupart de leurs engagements pour réduire leur responsabilité dans le réchauffement climatique. Au même moment, l'italien Eni réalisait l'un des plus gros rachats du secteur en Europe (4,5 milliards d'euros) en mettant la main sur le producteur Neptune Energy, avec comme objectif de renforcer sa production de pétrole et de gaz. De son côté, TotalEnergies rappelle à qui veut l'entendre qu'il continuera à investir dans de nouveaux puits de pétrole, au moins jusqu'à 2030.

Chaque fois, l'argument pour justifier ce retournement de veste est peu ou prou le même : les compagnies pétrolières ne font que répondre à la demande. « Revoyons-nous le jour où elle baissera[1] », plaisante même le patron de l'une d'elles. Un argument bien pratique puisque la consommation n'a jamais été aussi importante : 102 milliards de barils par jour en moyenne en 2023. Record historique ! L'année précédente, la flambée des prix avait permis aux cinq plus grandes compagnies pétrolières privées d'engranger 153 milliards de dollars (140 milliards d'euros). La lutte contre le réchauffement climatique attendra donc encore un peu.

De quoi provoquer l'ire du secrétaire général des Nations unies. Une semaine avant ce fameux Salon du Bourget, à l'occasion d'une conférence de presse, António Guterres était sorti de ses gonds, condamnant les dirigeants mondiaux pour leur tartufferie climatique. « Nous nous précipitons vers la catastrophe, les yeux grands ouverts », proclamait-il alors, avec une véhémence inhabituelle.

Lorsqu'une société en expansion bute sur une limite matérielle, l'épuisement d'une ressource par exemple, elle met naturellement tout en œuvre pour franchir l'obstacle. Son premier réflexe consiste en général à s'appuyer sur le progrès

1. Lors d'une rencontre au printemps 2023.

scientifique, avec en ligne de mire la possibilité d'exploiter de nouvelles ressources jusque-là techniquement inaccessibles.

Dans l'exemple du Bourget, c'est exactement la réponse que donna Emmanuel Macron : le salut, une fois encore, par l'innovation. Le président de la République profita de ce grand raout de l'aérien pour annoncer 8,5 milliards d'euros d'investissements dans l'« aviation décarbonée » avec l'idée de remplacer peu à peu le pétrole par des biocarburants. Sans penser une seule seconde (ou en faisant semblant) qu'il faudra pour cela mobiliser des terres agricoles. Manger moins pour voler plus, en voilà une belle innovation.

Sauf que cette nouvelle crise énergétique n'est en réalité comparable à nulle autre. Dans les exemples précédents, l'humanité était passée du bois au charbon, puis au pétrole et au gaz, en empilant les sources avec un appétit gargantuesque dont le tout – pour paraphraser le philosophe – dépasserait la somme des parties. Cette fois-ci, urgence climatique oblige, il ne s'agit pas d'additionner mais de soustraire, d'éliminer définitivement les énergies fossiles pour les remplacer par leurs pendants décarbonés : le solaire, l'éolien terrestre, offshore, flottant, la géothermie, le captage de CO_2, le stockage d'électricité, l'hydrogène, et bien d'autres… Tout en y intégrant de nouvelles variables, comme l'agriculture, la forêt ou la biodiversité. Voilà sans doute la vraie innovation : celle qui ne consiste pas à rendre « moins pire » les conséquences d'un choix, mais à avoir le courage d'en faire un autre.

Remerciements

Si l'écriture s'accomplit dans un cheminement avant tout solitaire, le projet d'un livre ne se fait jamais seul. Je voudrais remercier toutes les personnes et proches qui m'ont entouré pendant ces mois de travail. Valérie Dumeige, la directrice éditoriale des éditions Arthaud, pour la confiance qu'elle m'a accordée, et Christian Massol, qui fut à mes côtés pendant toute cette aventure. Ce travail n'aurait également pu voir le jour sans les témoignages et l'expertise de celles et ceux qui sont cités tout au long de ces pages, merci à eux.

Table

Cet ouvrage a été mis en page par IGS-CP
à L'Isle-d'Espagnac (16)

CET OUVRAGE
A ÉTÉ ACHEVÉ D'IMPRIMER
SUR ROTO-PAGE
PAR L'IMPRIMERIE FLOCH
À MAYENNE EN OCTOBRE 2023

N° d'édition : 593484-0. N° d'impression : 103499
Dépôt légal : novembre 2023
Imprimé en France